송강스님의

벽암록 맛보기

-10권-

(91칙~100칙)

벽암록 맛보기를 내면서

2021년 초에 불교신문사에서 새로운 연재를 부탁하기에 〈벽암록 맛보기〉라는 제목으로『벽암록(碧巖錄)』의 본칙(本則)과 송(頌)을 중심으로 1회 1칙씩을 연재하기로 했습니다. 정해진 지면에 맞추다 보니 여러 가지 도움이 될 장치를 생략하게 되었으나, 공부하기에는 크게 부족함이 없었습니다.

불교신문 독자들 가운데 책으로 공부하기를 원하는 분들이 많아서 이제 10칙씩을 묶어 한지제본의 〈벽암록 맛보기〉를 차례로 출판하기로 하였습니다. 불교신문 지면에 실린 내용에다 몇 가지 도움이 될 부분을 더하여 편집의 묘를 살린 것입니다.

참선공부는 큰 의심에서 시작되고, 『벽암록(碧巖錄)』의 선문답은 본체 또는 주인공에 대한 의심을 촉발하기 위한 것입니다. 그러므로 의심을 일으킬 수 있는 정도로 설명은 간략하게 하고 자세한 풀이는 생략했습니다. 너무 자세한 설명은 스스로 의심을 일으키기는 커녕 자칫 다 알았다는 착각에 빠지게 하기 때문입니다.

이 책이 많은 분들에게 큰 의심을 일으킬 수 있는 기회가 된다면 참 좋은 법연(法緣)으로 생각하겠습니다.

2022년 여름 개화산자락에서

시우 송강(時雨松江) 합장

차 례

제91칙

염관 서우선자
(鹽官犀牛扇子)

염관선사의
무소뿔 부채

"쓰면서도 모르는 것이 본디 자기 집 보물이니…"

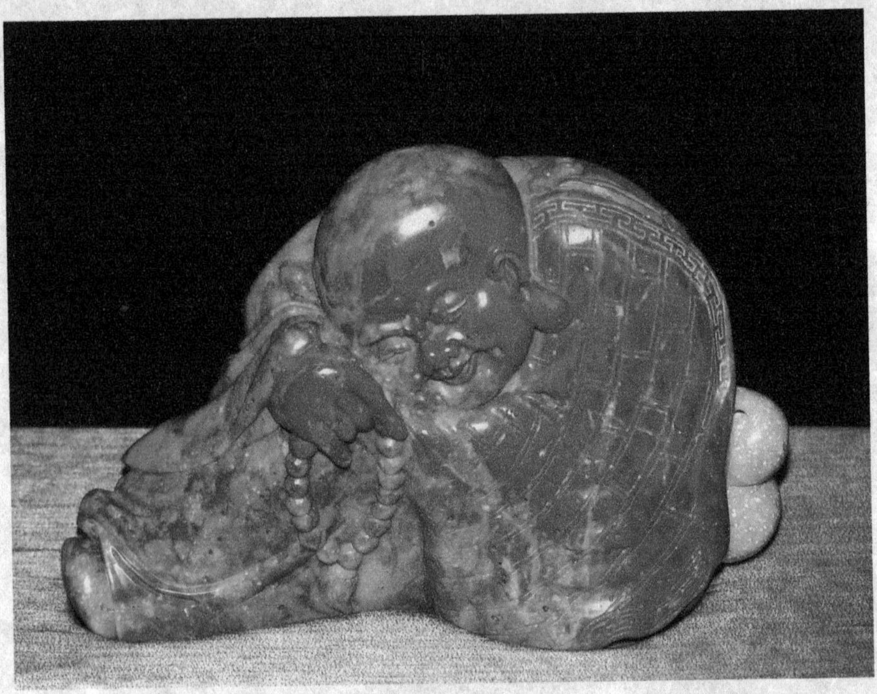

포대화상(布袋和尙)이라고 불린 계차(契此)스님의 포대는 무엇이며,
그 안에는 무엇이 들었을까?

강설(講說)

감정을 자극하는 법문은 법문이 아니다. 자신의 편견을 대중에게 강요하는 것도 설법이 아니다. 어느 경론만이 가치 있다고 역설하거나 어느 수행법만이 유일한 것이라고 강변하는 이도 선지식이 아니다. 이런 모든 것으로부터 자유로워져서 필요에 따라 가장 적절한 방법으로 인도할 수 있는 사람이라야 비로소 정법의 깃발을 휘날리게 하고, 부처님의 정법을 잘 보존하고 전하는 선지식이 되는 것이다. 복잡다단한 세상 사람들을 만나기 위해서는 팔방미인이 되어야 하고, 어떤 전문가와 만나더라도 바른 길을 제시할 수 있어야만 비로소 부처님과 함께 하는 사람이다.

자, 어떻게 해야만 그러한 경지에 이르며, 또한 그런 경지에 이른 사람과 함께할 수 있을까?

염관 제안(鹽官齊安)스님은 당말(唐末)의 선사이며, 마조 도일(馬組道一)선사의 법제자이다. 항주 염관현 해창의 법흔스님이 해창원(海昌院)을 창건하고 스님을 모셔 주석케 하니, 배우려는 사람으로 가득 차 선풍

(禪風)을 크게 드날렸다. 회창(會昌) 2년 세수 90여 세로 편안히 앉아 입적했다. 선종(宣宗)이 오공대사(悟空大師)란 호를 하사했다. 염관(鹽官) 지역 이름을 따서 염관선사라고 존칭했다.

본칙(本則)

擧 鹽官이 一日에 喚侍者하야 與我將犀

거 염관 일일 환시자 여아장서

牛扇子來하라 侍者云 扇子破也니다 官

우선자래 시자운 선자파야 관

云 扇子旣破인댄 還我犀牛兒來하라 侍

운 선자기파 환아서우아래 시

者無對라

자무대

投子云 不辭將出이나 恐頭角不全이라

투자운 불사장출 공두각부전

雪竇拈云 我要不全底頭角이로다

설두념운 아요부전저두각

石霜云 若還和尙卽無也니다

석상운 약환화상즉무야

雪竇拈云 犀牛兒猶在니라

설두념운 서우아유재

資福畫一圓相하고 於中書一牛字하다

자복화일원상 어중서일우자

雪竇拈云 適來爲什麽不將去인고
설 두 념 운 적 래 위 십 마 부 장 거

保福云 和尙年尊하니 別請人好니다
보 복 운 화 상 연 존 별 청 인 호

雪竇拈云 可惜勞而無功이로다
설 두 념 운 가 석 로 이 무 공

염관선사께서 어느 날 시자를 불렀다. “무소뿔 부채를 가져와서 내게 다오.”

시자가 말씀드렸다. “부채가 부서졌습니다.”

염관선사께서 말씀하셨다. “부채가 부서졌다면 무소를 내게 되돌려 다오.”

시자가 대꾸를 못 했다.

(뒷날 이 얘기를 전해 들은 스님들이 시자를 대신해 한마디씩 했고, 거기에 설두스님이 촌평을 했다.)

*투자스님,

“가져다 드리는 것은 사양치 않겠으나 뿔이 온전치 않을까 걱정됩니다.” 설두스님이 평했다. “나는 온전치 않은 뿔이 필요하다.”

*석상스님,

"스님께 돌려드리려고 하니 없군요." 설두스님이 평했다. "무소는 그대로 있구먼."

*자복스님,

동그라미를 그리고는 그 안에 소 우(牛)자 한 자를 썼다. 설두스님이 평했다. "아까는 무엇 때문에 내놓지 않았는가?"

*보복스님,

"스님께서는 연세가 많으시니 다른 사람을 시자로 두시지요." 설두스님이 평했다. "노력했으나 소용이 없음이 안타깝다."

강설(講說)

염관선사께서 사람을 시험함이 번개 같다. 자신이 쓰던 부채가 부서졌음을 모를 리가 없건만, 갑자기 시자를 불러 무소뿔 자루의 부채를 가져오라고 시키셨다. 선지식의 가르침은 이처럼 예측불허이다. 그렇기 때문에 준비가 되어있지 않은 사람은 가르침인 줄을 모른다. 이 시자도 그랬다. 그래서 겨우 한다는 답이 "부채가 부서진 것은 스님께서도 아시잖습니까?"였다.

염관선사께서는 참 자애로우시다. 몽둥이가 날아갈 법도 하련만 다시 또 은근히 가르치셨다. "부채 부서진 것이야 나도 알지. 부채 말고 무소를 데려오면 되지 않겠느냐." 이보다 친절할 수는 없다. 하지만 친절도 아는 사람에게만 친절인 것이다. 안타깝게도 시자는 그것이 친절한 가르침인 줄을 몰랐다. 무슨 말인지를 생각하느라 답도 못 했다. 생각하면 이미 늦다.

뒷날 이 얘기를 가지고 누군가 다른 선사들께 여쭈어 봤나 보다. 그래서 몇 가지 답이 있었다.

투자선사는 염관선사의 함정을 묘하게 피하면서 답

을 했는데, 설두스님이 투자스님의 함정을 간파하고는 "온전치 않은 뿔이 필요하다."고 했다.

석상스님은 역시 염관선사의 함정을 건너뛰었는데, 설두스님은 "무소는 그대로 있구먼."하며 석상스님의 함정을 간파해 보였다.

자복스님은 조용히 자신의 무소를 드러내 보였는데, 설두스님은 "진작 그랬으면 좋았을 걸."이라고 평했다.

보복스님은 참 멋지게 답했다. 염관선사에게 통째로 드러내 보인 격이지만, 후학들에겐 엄청난 함정이 되는 표현이다. 그래서 설두스님은 "그렇게 애쓴다고 후학들이 알기나 할까?"하고 평을 했다.

화살이 나는 것을 보는 것은 대단한 것이 아니다. 화살이 날아가 맞는 곳(落處)을 봐야 한다. 보는 눈이야 동일하겠지만, 표현 방법은 또 이처럼 각자 다르다. 그러니 종일 남의 흉내나 낸다고 무슨 영험이 있겠는가. 자기의 것을 내보일 수 있어야 한다.

송(頌)

犀牛扇子用多時어늘
서 우 선 자 용 다 시

問著元來總不知로다
문 착 원 래 총 부 지

無限清風與頭角은
무 한 청 풍 여 두 각

盡同雲雨去難追로다
진 동 운 우 거 난 추

雪竇復云
설 두 부 운

若要清風再復하고 頭角重生인댄 請禪客
약 요 청 풍 재 복 두 각 중 생 청 선 객

하노니 各下一轉語하라 問云 扇子旣破인댄
각 하 일 전 어 문 운 선 자 기 파

還我犀牛兒來하라
환 아 서 우 아 래

時有僧出云 大衆은 參堂去하라
시 유 승 출 운 대 중 참 당 거

雪竇喝云
설 두 갈 운

抛鉤釣鯤鯨터니 釣得箇蝦蟆로다하고 便
포 구 조 곤 경 조 득 개 하 마 변

下座하다
하 좌

- **다시(多時)**

  오랜 시일. 많은 시간. 항상. 늘.

- **문착(問著)**

  물어보면

무소뿔 부채를 항상 쓰면서도, 물어보면 전부터 모두 모르네.

한없는 맑은 바람과 무소의 뿔, 구름 비 지남 같아 쫓기 어렵네.

설두스님께서 다시 말씀하셨다.

"만약 맑은 바람 다시 일으키고 뿔이 다시 돋기를 바란다면, 청하노니 선객들이여 멋진 한마디를 각각 일러보라."

다시 물었다. "부채가 부셔졌다니 내게 무소를 데려오겠는가?."

이때 어떤 스님이 나서서 말했다. "여러분 참선하러 처소로 돌아갑시다."

설두스님께서 고함을 치시고 말씀하셨다.

"낚시를 던져 고래를 낚으려 했더니 이따위 새우가 낚였구나."

(그리고는) 곧바로 법좌에서 내려오셨다.

강설(講說)

설두노사는 게송에서 현상에 떨어져 중요한 것을 놓치는 것을 경계하였다.

찰나도 떠난 적이 없는 것이라서 항상 사용하면서도 무소뿔에 걸리고 부채에 눈이 먼 것을 어쩌겠는가! 부서진 적이 단 한 번도 없건마는 시자는 부서졌다고만 하는구나. 쓰면서도 모르는 것이 본디 자기 집 보물이긴 하지.

맑은 바람이라느니 무소의 뿔이라느니 하며 찾으려고 이리저리 쏘다니지 말 것. 찾으려 하면 멀어지는 것이 또는 그것이라네. 이미 흩어진 구름을 찾고 지나가버린 비를 잡으려 한다고 어디 가능키나 한 일인가. 번개를 잡는 솜씨가 있어야만 할 것이다.

설두 노인네가 앞에 있던 대중을 아끼는 마음에 노파심이 발동하였다. "만약 맑은 바람 다시 일으키고 뿔이 다시 돋기를 바란다면"이라고 할 때, 눈 밝은 이가 있어 법상을 엎었어야 했다. 하지만 사람이 없었구나. 일찍 법상을 엎지 않은 폐단이 심각하다. 이 노인네가 결국 무소를 데려오라고 다그쳤다. 자비가 지나치면 큰 병을 만드는 법이다.

결국 어떤 스님이 나서서 '참선하러 돌아가자'는 헛소리를 하고 말았다. 이것을 계기로 설두화상이 겨우 체면을 세웠다. 고래를 낚으려 했는데 겨우 새우 따위가 낚였다고 고함을 치고는 법좌에서 내려온 것이다.

어딜 가나 이렇게 뒷북치는 친구들이 꼭 있다. 법상을 엎어도 시원찮을 판에 참선하러 돌아가자니. 참선을 해서 뭘 어쩌자는 것인가. 설두 노인네의 노파심이 결국 이런 상황을 만들고 말았구나.

제92칙

석존 승좌
(釋尊陞座)

석가모니부처님
법좌에 오르시다

“말없이도 마음과 마음이
통하는 사람”

문수보살의 말 없는 말을 들을 수 있다면 온갖 말에 속지 않으리라.
– 장다첸(張大千)거사 작(作) 문수보살상 – 개화사 소장.

강설(講說)

말없이도 마음과 마음이 통하는 사람을 만나는 것은 참으로 어렵다. 그런 벗이 있다면 세상 그 무엇과 바꿀 수 있겠는가. 하지만 일생 그런 벗도 없다면 자신이 어떻게 살았는지를 돌이켜 봐야 할 것이다.

눈앞에 어떤 상황이 벌어지건 즉각 가장 적절한 방법으로 대응할 수 있는 사람이라면 천하의 인재를 놓치지 않을 것이다. 그런 사람이라면 팔만대장경을 한 마디로 만들 수 있고, 상상을 초월하는 엄청난 것이라도 먼지 하나처럼 만들어버린다.

만약 그런 사람과 생사를 함께하며 자유자재한 삶을 살 수 있다고 하더라도 누가 그것을 입증할 수 있으려나?

본칙(本則)

擧 世尊이 一日에 陞座러니 文殊白槌云
거 세존 일일 승좌 문수백추운

諦觀法王法하니 法王法如是니다 世尊便
체관법왕법 법왕법여시 세존변

下座하시다
하좌

- **백추(白槌)**

  (1)수행자에게 무엇을 알릴 때에 나무 방망이로 나무 기둥을 쳐서 집중시키는 것. (2)설법이 있을 때 종을 쳐 대중에게 알리는 것.

- **체관(諦觀)**

  자세히 살펴봄. 자세한 관찰.

세존께서 어느 날 법좌에 오르시니 문수보살이 종을 치고 말하였다. "법왕의 가르침을 자세히 살피니, 법왕의 가르침이 이러합니다." 세존께서 곧바로 법좌에서 내려오셨다.

- **체관법왕법(諦觀法王法)~**

  각운스님의 『선문염송』 〈설화(說話)-설명〉에 따르면 다음과 같은 내용이다.

  이 화두는 『대집경(大集經)』에서 나온 것이다 … 평상시의 설법궤의(說法軌儀)에는 장로가 법좌에 오르면 유나(維那)가 종을 치고는 "법연(法筵-법석)에 모인 용상의 대중들이여(法筵龍象衆) 마땅히 제일의를 관하시오(當觀第一義)."라고 하고, 설법이 끝나면 다시 종을 치고는 "법왕의 법을 자세히 살피니(諦觀法王法) 법왕의 법이 이러합니다(法王法如是)."라고 한다. 그런데 문수보살은 왜 거꾸로 한 것인가.…

본칙(本則)

자, 이번에는 석가세존과 문수보살 간의 멋진 희롱이다. 석가세존께서 법좌에 오르시니, 설법도 하기 전에 문수보살이 종을 치고는 "부처님의 설법을 살피니 이와 같습니다."하고 큰 소리로 말해버렸다. 여기 한 마디라도 보태면 뱀의 다리를 그리는 셈이다. 부처님은 곧바로 법좌를 내려오셨다. 하마터면 큰 낭패 당할 뻔했다.

문수보살은 부처님을 도운 것인가, 아니면 한 방 먹인 것인가. 하지만 문수보살이 한 일이 약인지 독인지를 잘 알아야 한다. 문수보살에게 속은 이가 갠지스의 모래알 수보다 많다는 사실을 아는가.

송(頌)

列聖叢中作者知라
열 성 총 중 작 자 지

法王法令不如斯를
법 왕 법 령 불 여 사

會中若有仙陀客런들
회 중 약 유 선 타 객

何必文殊下一槌리오
하 필 문 수 하 일 추

- **열성(列聖)**

  부처님의 뛰어난 제자들.

- **법령(法令)**

  법적 효력을 가진 법규를 통틀어 이르는 말. 법률(法律)과 명령(命令), 여기서는 부처님께서 깨달으신 진리.

- **선타객(仙陀客)**

  선타바(仙陀婆, Saindhava, Sindhu)를 알아듣는 이심전심의 사람. 『대반열반경(大般涅槃經)』 권9에 '왕색선타바(王索仙陀婆)' 즉 '왕이 선타바를 찾다'라는 얘기가 있다.

  「예를 들면 대왕이 많은 신하에게 "선타바를 가져오라!"고 말하는 것과 같다. 선타바는 네 가지 물건의 이름을 일괄해서 부르는 대명사로, 소금 · 그릇 · 물 · 말의 네 가지를 가리킨다. 지혜가 있는 신하는 왕이 씻고 있을 때 "선타바!" 하면 곧 물을 대령하고, 식사할 때 "선타바!" 하면 소금을 대령하며, 식사 후 "선타바!" 하면 물이나 차가 담긴 그릇을 대령하고, 외출하고 싶을 때 "선타바!" 하면 곧 말을 대령시킨다. 이처럼 지혜 있는 신하는 왕의 네 가지 표현을 실수 없이 이해하여 처리한다.」

무수한 성인들 중에 눈 밝은 이는 알리라
부처님 깨달은 진리는 이와 같지 않음을.
대중 가운데 만약 지혜로운 이 있었다면
어찌 꼭 문수보살이 종을 한 번 쳤겠는가.

강설(講說)

설두노사가 송의 제1구와 제2구에서 "무수한 성인들 중에 눈 밝은 이는 알리라, 부처님 깨달은 진리는 이와 같지 않음을."이라고 하여 곧바로 노파심을 드러내어 오류를 범하지 않도록 애쓰셨다.

부처님의 모든 설법을 다 외우더라도 거기엔 깨달음이 없다. 그래서 부처님의 말씀을 가장 많이 듣고 외우고 있던 아난존자가 제1차 결집을 할 때 칠엽굴 앞에서 있게 되었던 것이다. 하지만 사람들은 부처님의 말씀만을 보물처럼 여기며 자기 보물을 찾지 않으니, 부득이 문수보살이 팔을 걷고 나선 것이다. 문수보살은 부처님께서 입도 벙긋하시기 전에 이미 법문이 끝났음을 알렸다.

아차! 그럼 문수보살은 부처님의 설법보다 나은 것을 대중에게 줄 수 있었을까? 줄 수 있다고 해도 까마득히 멀고, 줄 수 없다고 해도 십만 팔천 리 어긋났다. 말로 말없음을 드러내기도 하고, 말 없음으로 말을 드러내기도 하는 법이지.

하지만 대부분 문수보살이 가리킨 곳은 보지 않고,

문수보살 흉내만 내려고 하니 그것이 병폐로다.

설두 노인네가 송의 제3구와 제4구에서 "대중 가운데 만약 지혜로운 이 있었다면, 어찌 꼭 문수보살이 종을 한 번 쳤겠는가."라고 하여 다시 한번 대중에게 바른 길을 가리켜 보여주려고 애쓰셨다.

문수보살이 종을 치고 부처님의 설법이 끝났음을 대중에게 알린 것은 참 재빠른 솜씨다. 지혜가 가장 뛰어나다는 문수보살이기에 가능했던 방법이었다. 하지만 근본의 입장에서 봤을 때 문수보살의 이 행위가 부처님께서 깨달으신 진리를 그대로 드러내었다고 할 수는 없다. 문수보살이 종을 치고 말을 한 것이 이미 제일의(第一義)에서 벗어나 제이의(第二義)에 떨어지고 만 것이니, 한참 멀어지고 만 것이다. 만약 대중들이 모두 깨달음에 이른 이들이었다면 어떠했을까? 문수보살은 말할 것도 없거니와 석가 노인네도 할 일이 없었을 것이다.

물론 송강의 군더더기 설명이야 말할 것이 있겠는가.

제93칙

대광 작무
(大光作舞)

대광선사의
춤

"뉘라서 누런 잎이 곧 황금이라
하는가?"

강에 비친 해가 아무리 빛나도 그것은 진짜 해가 아니다.

대광선사는 당대(唐代)의 대광 거회(大光居誨, 837~903)화상이다. 법호인 대광은 주석한 대광산(大光山)에서 비롯되었다. 석상 경저(石霜慶諸)선사의 법을 이어받고 담주(潭州) 대광산에 주석하며 후학을 지도했다.

본칙(本則)

擧 僧問大光호대 長慶道 因齋慶讚이라하
거 승 문 대 광 장 경 도 인 재 경 찬

니 意旨如何오 大光作舞라 僧禮拜하니 光
의 지 여 하 대 광 작 무 승 예 배 광

云 見箇什麽便禮拜아 僧作舞어늘 光云
운 견 개 십 마 변 예 배 승 작 무 광 운

這野狐精아
저 야 호 정

- **장경도 인재경찬(長慶道因齋慶讚)**

  벽암록 제74칙의 금우작무(金牛作舞)에서 장경선사가 말씀하신 내용.

이런 얘기가 있다.

어떤 스님이 대광선사께 여쭈었다. "장경스님께서 '공양 때에 불보살님을 찬탄하면서 감사히 먹겠습니다'고 말씀하셨는데, 그 뜻이 무엇입니까?"

대광선사께서 춤을 추셨다.

그 스님이 절을 하였다.

대광선사께서 질문하셨다. "무엇을 알았기에 갑자기 절을 하는가?"

그 스님이 춤을 추었다.

대광선사께서 말씀하셨다. "이 여우 같은 놈!"

본칙(本則)

수행이란 배우고 익히는 것이 아니다. 아무것도 모를 때는 배워야 하지만, 배운 것은 남의 것이다. 남의 것을 익혀 자기 것처럼 쓸 수 있게 되었다고 하더라도 자기의 것이 아니다. 그래서 자기의 길을 개척하는 것이 수행이라는 것이다.

금우화상께서 공양 때가 되면 스스로 밥통을 들고 승당 앞에서 춤을 추고 웃으면서 "보살들이여 공양하시오."하고 말씀하셨는데, 이것을 궁금하게 여긴 어떤 스님이 장경선사를 찾아뵙고는 금우스님께서 왜 그러셨냐고 여쭈었다. 이에 장경선사께서는 "공양 때에 불보살님을 찬탄하면서 감사히 먹겠습니다 하는 것과 흡사한 것이지."하고 말씀하셨다.

지금 어떤 스님이 이전 장경선사께서 그렇게 말씀하신 뜻이 무엇이냐고 대광선사께 여쭌 것이다. 그러자 대광선사께서 곧바로 춤을 추어 보였다. 선사들은 이렇다. 군더더기를 최소화하면서 지도해 주신다. 대광선사의 춤이 무엇을 뜻하는지만 알면 질문한 보람이 있을 것이다.

질문을 던진 스님이 즉시에 큰절을 올렸다. 낙처(落處)를 본 것인가? 그래서 대광선사께서 확인 절차에 들어가셨다. "무엇을 봤기에 절을 하는 것인가?" 그러자 이 스님 대광선사처럼 춤을 추었다. 그러자 대광선사께서는 호통을 치셨다. "이 여우 같은 놈!"

불교를 공부한다는 이들이 흔히 저지르기 쉬운 오류가 부처님과 조사님들이 하신 말씀을 외워서 쓰면 그 경지가 되는 것으로 착각하는 것이다. 이는 마치 기차역을 다 외워 말하면 그 역을 실제로 통과한다고 생각하는 것과 같은 것이다. 실제로 그 역을 통과한 사람은 역 이름이 아닌 수많은 것을 보고 듣고 느낀다. 만약 그 사람이 경험한 것을 책으로 써 놓았을 때, 그것까지 외우면 책을 보고 외운 사람이 실제로 기차를 타고 통과한 것이 될까?

불교공부가 어렵다고 하는 것은 모든 것을 직접 체험해야 하기 때문이다. 간접체험은 가짜다. 대광선사께

서는 장경선사께서 말로 풀어놓은 경지를 다시 온몸으로 보여주셨다. 그런데 질문을 했던 스님은 그 흉내만을 내었을 뿐이다. 그 스님이 대광선사의 춤을 보고 깨달았다면 자기의 것을 보였을 것이다.

송(頌)

前箭猶輕後箭深이라
전 전 유 경 후 전 심

誰云黃葉是黃金고
수 운 황 엽 시 황 금

曹溪波浪如相似인댄
조 계 파 랑 여 상 사

無限平人被陸沈하리라
무 한 평 인 피 육 침

- **전전(前箭)**

  스님의 질문에 대광선사께서 춤을 추신 것.

- **후전(後箭)**

  대광선사께서 "이 여우 같은 놈!"이라고 호통을 치신 것.

- **황엽시황금(黃葉是黃金)**

  『열반경』에 '어린애가 울음을 그치지 않으므로 돈과 비슷한 노란 나뭇잎을 줬더니 울음을 그쳤다'는 얘기가 나옴. 이 얘기는 부처님과 조사님들의 법문이 모두 우는 아이 달래는 나뭇잎 같다는 뜻임.

- **조계파랑(曹溪波浪)**

  조계의 물결. 육조대사를 잇는 선사들의 활동.

- **육침(陸沈)**

  『장자(莊子)』 잡편(雜篇) 제25 칙양(則陽)에 나오는 말. 물 없이 가라앉음. 사람 사이에 숨음 등의 뜻.

앞 화살 외려 가벼웠으나 뒤 화살 깊구나.
뉘라서 누런 잎이 곧 황금이라 하는가?
조계의 선불교 물결이 이와 같이 된다면,
한량없는 사람들이 침몰 당하고 말리라.

강설(講說)

설두선사가 송의 제1구에서 "앞 화살 외려 가벼웠으나 뒤 화살 깊구나."라고 하여 지도법의 깊이를 설명하셨다.

대광선사께서 어떤 스님의 질문에 춤을 춰 보인 것은 참 적절했지만 아주 날카롭지는 않았다. 응당 누구나 할 수 있는 일을 한 것이다. 그러나 그 스님이 눈을 번쩍 뜨기는커녕 그저 흉내나 내는 정도의 잔재주를 부리고 있었던 것이다. 이를 즉시 간파하시고 호통을 친 대광선사의 화살은 참으로 매섭고 깊다.

설두 노인네가 송의 제2구에서 "뉘라서 누런 잎이 곧 황금이라 하는가?"라고 하여 엉터리 같은 지식에 속지 말라고 일갈하셨다.

부처님께서는 당신의 말씀이 강을 건너는 데 필요한 뗏목과 같다고 말씀하셨다. 이 말씀 한마디는 제자들이 당신의 말씀을 절대화함으로써 후세에 문제가 되는 것을 막아보려는 시도였던 것이다. 그렇긴 하지만 선지식은 후학을 지도하기 위해 어쩔 수 없이 방편을 써

야 하는지라 부득이 춤도 추고 고함도 지른다. 만약 춤과 고함에 비밀이 있다고 믿는 놈이 있다면 다른 사람을 위해서라도 목을 쳐야 할 것이다.

설두화상은 송의 제3구와 제4구에서 "조계의 선불교 물결이 이와 같이 된다면, 한량없는 사람들이 침몰 당하고 말리라."라고 하시어 흉내나 내는 못난 짓에 대한 경고를 하셨다.

불교를 교학으로 공부한 이들은 관행상 교리를 외우고 논리적으로 교학을 펼치거나 옳고 그름을 주장하기가 쉽다. 그래서 이로부터 수많은 병폐가 생긴다. 부처님께서 당신의 말씀을 두고 뗏목에 불과하다는 그 깊은 뜻을 간과한 결과이다.

그럼 실참(實參) 수행을 기본으로 하는 선불교는 어떠한가. 조계대사 이후 수많은 선지식들이 각자의 방법으로 후학을 지도했다. 그런데 여기 모방하는 사이비 도인들이 나타나기 시작한 것이다. 그래서 기어코 누런 나뭇잎을 황금이라고 강변하는 엉터리들이 순진한 사람들을 한꺼번에 구렁텅이로 물고 가는 것이다.

여기에 속지 않으려면 오직 자기의 안목이 열려야만 한다.

제94칙

능엄 불견처
(楞嚴不見處)

능엄경의
보지 않는 곳

"눈으로 볼 수 없는 것을 어떻게
알 수 있을까?"

최초의 5비구가 녹야원으로 찾아오신 부처님을 맞이한 자리에
세워졌다는 영불탑(迎佛塔).
어떻게 해야 여기서 부처님을 뵐 수 있을까?

강설(講說)

말과 문자로 표현하는 것은 참 쉽고, 그것을 이해하기도 쉽다. 그러나 모든 것을 쉽게 할 수 있는 것은 아니다. 말로써 진리를 전한다거나 혹은 깨달음을 전달한다는 것은 그 누구도 할 수 없다. 말없이 마주 보고 가만히 웃을 수 있다면 그보다 좋은 일이 없겠지만, 부득이 말로 표현해 통하려고 하니 자꾸 어긋나고 시끄러워진다.

누구라도 언어가 미치지 못하는 곳에 스스로 이를 수 있다면 천진한 본래면목을 만날 수 있을 것이다.

부처와 조사의 삶이 어떠니 하고 떠들기 전에 먼저 일체분별을 떠났을 때의 청정한 자기성품이 무엇인지부터 깨달아야 하지 않겠는가!

아흔네 번째 얘기는『능엄경』제2권에 나오는 것을 가져왔음.

본칙(本則)

擧 楞嚴經云 吾不見時에 何不見吾不
거 능 엄 경 운 오 불 견 시 하 불 견 오 불

見之處오 若見不見인댄 自然非彼不見
견 지 처 약 견 불 견 자 연 비 피 불 견

之相이요 若不見吾不見之地인댄 自然非
지 상 약 불 견 오 불 견 지 지 자 연 비

物이니 云何非汝리오
물 운 하 비 여

『능엄경』에 이르기를 내(세존)가 보지 않을 때에 어찌 내가 보지 않는 곳을 (네가=아난) 보지 못하는가? 만약 (내가) 보지 않는 곳을 (네가) 본다면 자연히 내가 보지 않는 모습이 아닐 것이다. 만약 내가 보지 않는 곳을 (네가) 볼 수 없다면 (본다는 것이) 자연히 물질이 아닐 것이니, 어찌 네가 아니겠느냐.

강설(講說)

스님들이 공부할 때 가장 어려워하는 교재가 『능엄경』이다. 너무나 인도적인 논리의 특징을 갖춘 것이기에 거기에 익숙하지 않은 한국의 스님들이 곤혹스러워하는 것이다. 하지만 모든 논리에는 가리키는 곳이 있다. 그것을 확연히 안다면 『능엄경』 또한 어렵기만 한 것은 아니다. 다만 마음공부가 깊지 않은 사람이 『능엄경』의 논리만을 익히게 된다면 오히려 마음공부에 장애가 될 수도 있으니 조심해야 한다.

본칙에 인용된 대화 이전에 다음과 같은 얘기가 먼저 있었다.

「부처님께서 말씀하셨다. "나는 향대(香臺, 향로 받침)를 보고 있다."

아난이 말씀드렸다. "저도 또한 향대를 보고 있으니 부처님께서 보시는 것과 똑같습니다."

부처님께서 말씀하셨다. "내가 향대를 볼 때는 (네가) 알 수 있거니와 내가 만일 향대를 보지 않을 때는 네가 어떻게 (나의 보지 않는 곳을) 볼 수 있겠느냐?"

아난이 말씀드렸다. "제가 향대를 보지 않을 때는 부처님을 뵙습니다."

부처님께서 말씀하셨다. "내가 보지 않는다고 말한다면 (그것을) 나 자신이 알 것이고, 네가 보지 않는다고 말한다면 (그것을) 네 자신 스스로 알 것이다. (그러므로) 타인의 '보지 않는 곳(不見處)'을 네가 어떻게 알 수 있다는 말이냐."」

'보는 것'과 '보지 않는 것'의 차이는 무엇인가. 보는 것은 인식의 차원이다. 인식은 물질이 아니다. 만약 인식이 물질이라면 누구나 똑같이 인식할 수 있을 것이다. 하지만 동일한 물건을 보면서도 인식하는 것은 각자가 다르다. 이 인식에 지적관념이 작용하기 때문이다. 지적관념이란 후천적이며 밖으로부터 들어온 것으로 본래의 자기가 아니다.

일반적으로 인식을 마음으로 생각하는데, 불교의 유식론에서도 제8아뢰야식(阿賴耶識)을 심(心)이라고 표현한다. 하지만 불성(佛性)이나 본성(本性)과는 다르다. 오히려 이 아뢰야식이 모든 번뇌의 근본이 된다.

수행을 통해 견성(見性~본성을 깨달음. 본성으로 돌아감)을 하면 아뢰야식은 대원경지(大圓鏡智)로 바뀐다. 이때를 '나'라고 한다.

눈으로 볼 수 없는 것을 어떻게 알 수 있을까? 부처님께서 아난을 깨닫게 하려고 질문하신 핵심이 이것이다.

송(頌)

全象全牛翳不殊어늘
전 상 전 우 예 불 수

從來作者共名模로다
종 래 작 자 공 명 모

如今要見黃頭老아
여 금 요 견 황 두 로

刹刹塵塵在半途니라
찰 찰 진 진 재 반 도

- **온전한 코끼리(全象)**

  『대반열반경(大般涅槃經)』 32권에 나오는 다음과 같은 내용에서 비롯된 것.

  옛날 인도의 어떤 왕이 대신들과 얘기를 하다가 대신들이 각기 고집을 피우자 코끼리를 끌고 와서 장님들에게 만지게 한 후 말해보라고 하였다. 코끼리의 상아를 만진 장님은 무같이 생겼다고 했고, 귀를 만진 장님은 삼태기처럼 생겼다고 했으며, 머리를 만진 맹인은 바위처럼 생겼다고 했고, 코를 만진 맹인은

절굿공이처럼 생겼다고 했으며, 다리를 만진 맹인은 절구처럼 생겼다고 했고, 등을 만진 맹인은 침상처럼 생겼다고 했으며, 배를 만진 맹인은 장독처럼 생겼다고 했고, 꼬리를 만진 맹인은 밧줄처럼 생겼다고 했다.

이들이 말한 것이 온전한 코끼리가 아닌 것이듯, 편견의 위험성을 밝힌 내용이다.

- **온전한 소(全牛)**

『장자(莊子)』 양생주편(養生主篇)에 나오는 포정해우(庖丁解牛)에서 비롯된 것.

포정이 문혜군(文惠君)을 위해 소를 잡은 일이 있었다. 그가 소에 손을 대고 어깨를 기울이고, 발로 짓누르고, 무릎을 구부려 칼을 움직이는 동작이 모두 음률에 맞았다. 문혜군은 그 모습을 보고 감탄하여 "어찌하면 기술이 이런 경지에 이를 수가 있느냐?"라고 물었다. 포정은 칼을 놓고 다음과 같이 말했다.

"제가 좋아하는 것은 도(道)입니다. 손끝의 재주보다 우월합니다. 제가 처음 소를 잡을 때는 소만 보여 손을 댈 수 없었으나, 3년이 지나자 어느새 소의 모습은 눈에 띄지 않게 되었습니다. 요즘 저는 정신으로 소를 대하지 눈으로 보지는 않습니다. 눈의 작용이 멎으니 정신의 자연스런 작용만 남습니다. 그러면 천리(天理)를 따라 쇠가죽과 고기, 살과 뼈 사이의 커다란 틈새와 빈 곳에 칼을 놀리고 움직여 소의 몸이 생긴 그대로 따라갑니다. 그 기술은 미묘하여 아직 한 번도 칼질을 실수하여 살이나 뼈를 다친 적이 없습니다. 솜씨 좋은 백정이 1년 만에 칼을 바꾸는 것은 살을 가르기 때문입니다. 평범한 보통 백정은 달마다 칼을 바꾸는데, 이는 무리하게 뼈를 가르기 때문입니다. 그렇지만 제 칼은 19년이나 되어 수천 마리의 소를 잡았지만 칼날은 방금 숫돌에 간 것과 같습니다. 저 뼈마디에는 틈새가 있고 칼날에는 두께가 없습니다. 두께 없는 것을 틈새에 넣으니, 널찍하여 칼날을 움직이는 데도 여유가 있습니다. 그러니 19년이 되었어도 칼날이 방금 숫돌에 간 것과 같습니다. 하지만 근육과 뼈가 엉긴 곳에 이를 때마다 저는 그 일의 어려움을 알고 두려워하여 경계하며 천천히 손을 움직여서 칼의 움직임을 아주 미묘하게 합니다. 살이 뼈에서 털썩하고 떨어지는 소리가 마치 흙덩이가 땅에 떨어지는 것 같습니다. 칼을 든 채 일어나서 둘레를 살펴보며 머뭇거리다가 흐뭇해져 칼을 씻어 챙겨 넣습니다."

이처럼 인식의 경지를 초월하는 경지를 두고 전우(全牛)라고 한다.

- **예불수(瞖不殊)**

  눈병 난 것이나 다름이 없다.

- **명모(名模)**

  손으로 더듬어 이름 붙임.

- **황두로(黃頭老)**

  금빛 머리 노인. 석존(釋尊). 부처님.

온전한 코끼리와 소를 일러도 눈병이나 다름 없나니

예로부터 선지식들 모두 더듬어 보고 이름 붙였도다.

지금 여기서 금빛 머리 노인네를 보고자 하는가?

국토마다 티끌마다 있건만 중도에서 서성이고 있구나.

강설(講說)

송의 제1구와 제2구에서 "온전한 코끼리와 소를 일러도 눈병이나 다름없나니, 예로부터 선지식들 모두 더듬어 보고 이름 붙였도다."라고 하여 인식의 한계를 지적했다.

모든 것을 온전하게 파악하고 그 낱낱의 이치마저 꿰뚫었다고 하더라도 무어 그게 대단한 일인가. 만일 그 모든 것을 다 놓아버리기 전에는 눈앞에 어른거리는 것을 어쩌겠는가. 텅 빈 하늘엔 아무것도 없건만, 눈병 난 놈은 대낮 하늘에 별이 떴다고 난리네.

송의 제3구와 제4구에서는 "지금 여기서 금빛 머리 노인네를 보고자 하는가? 국토마다 티끌마다 있건만 중도에서 서성이고 있구나."라고 하여 찾는 이의 한계를 밝혔다.

부처를 찾는다고 두리번거리지 말라. 그 순간 이미 어긋난 것이다. 이미 찾은 이라면 그 어디에선들 보지 못하겠는가마는 그 자리를 떠나는 순간 이미 나그네 신세가 되고 만다네. 글을 따르지도 말고 말을 듣지도 말라. 그래야 눈멀고 귀먹는 것을 겨우 피할 수 있다네.

제95칙

보복 끽다거
(保福喫茶去)

보복선사의
차 마시게

"헤아리지 말고 차나 마시게나"

이리저리 분별할 것 없다. 차나 제대로 마시면 된다.
집무실에서 신부님들과 끽다삼매.

강설(講說)

불교공부를 하는 이들 가운데는 죽어라고 경전만 연구하는 이들이 있다. 이들은 논리로 규명하려 하고 체계적인 이론 정립을 하려 애쓴다. 경전은 온통 부처님의 말씀이기 때문이다. 하지만 아무리 완벽한 설계도라고 해도 그 안에 살림을 차릴 수는 없다. 그러니 실체가 없는 이론에만 집착하여 논쟁을 일삼는다면, 그 모습이 어리석은 축생의 모습과 다를 것이 없다.

어떤 수행자는 모든 것이 부질없다는 생각으로 대자연 속에서 마음 내키는 대로 살려고 하거나 아니면 종일 앉아 아무 생각 없기를 바라기도 한다. 하지만 그럴수록 망상만 더욱 커진다.

약간의 공부가 된 이들 가운데는 대상이 곧 자신이고 자신이 곧 세상이라며 물아일체(物我一體)를 주장하면서 매우 호방하고 초연한 듯하지만, 이 또한 귀신소굴에 살림을 차린 격이다.

이런 위험에 떨어지지 않으려면 어떻게 해야만 할까?

장경 혜릉(長慶慧稜)선사는 당말 오대(五代)의 선승으로 설봉선사의 법제자. 복건성 복주 장경원(長慶院)에 주석하며 후학을 지도.

보복 종전(保福從展)선사는 당말(唐末) 오대(五代)의 선승으로 설봉선사의 법제자. 장주(漳州)의 보복원(保福院)에서 후학을 지도.

본칙(本則)

擧 長慶有時云 寧說阿羅漢有三毒이언
거 장경유시운 영설아라한유삼독

정 不說如來有二種語니라 不道如來無
불설여래유이종어 부도여래무

語라 只是無二種語니라 保福云 作麽生
어 지시무이종어 보복운 자마생

是如來語오 慶云 聾人爭得聞이리오 保
시여래어 경운 농인쟁득문 보

福云 情知儞向第二頭道라 慶云 作麽
복운 정지이향제이두도 경운 자마

生是如來語오 保福云 喫茶去하라
생시여래어 보복운 끽다거

- **아라한(阿羅漢)**

  범어 Arhan을 소리대로 옮긴 것. '일체의 번뇌를 끊어버린 수행자'라는 뜻에서 '살적(殺賊)' 또는 '대접을 받을 수 있는 분'이라는 뜻에서 '응공(應供)' 등으로 뜻 번역을 했다. 처음엔 부처님 뜻하는 말로 사용되기도 하였기에 여래십호에도 들어 있는 존칭이다. 뒤에는 부처님의 제자 가운데 깨달은 분들을 가리키는 말로 사용되었다.

- **삼독(三毒)**

  번뇌 가운데 가장 강한 세 가지인 탐욕(貪欲) · 진에(瞋恚) · 우치(愚癡)로 깨닫고자 하는 사람에게는 맹독과 같다고 해서 붙여진 이름.

- **이종어(二種語)**

  두 가지 말. 진실어(眞實語)와 방편어(方便語). 진실어는 있는 그대로를 말하는 것이고 방편어는 상대를 인도하기 위해 둘러서 말하는 것.

- **정지(情知)**

  분명하게 앎. 정말 앎. 사실을 앎.

- **제이두(第二頭)**

  제이의(第二義).

- **끽다거(喫茶去)**

  "차 마시게!" 거(去)는 뜻이 없음. "차 마시고 가게!"로 풀이하면 안 됨.

장경스님이 어느 때 말했다. “차라리 아라한에게 삼독이 있다고 할지언정, 여래에게 두 가지 말이 있다고 해서는 안 됩니다. 여래께서 말씀이 없었다고 하는 것이 아니라, 다만 두 가지 말씀이 없었다는 것입니다.”

보복스님이 물었다. “어떤 것이 여래의 말씀입니까?”

장경스님이 답했다. “귀먹은 사람이 어찌 들을 수 있겠소?”

보복스님이 말했다. “스님이 제이의(第二義)에서 말한 것을 확실히 알았습니다.”

장경스님이 물었다. “어떤 것이 여래의 말씀이오?”

보복스님이 답했다. “차나 드시지요.”

강설(講說)

여러 기록을 보면 장경스님과 보복스님 이 두 사형사제는 언제나 상대의 빈틈을 용납하지 않았다. 장경스님이 한때 사제인 보복스님을 지도하기도 했지만, 나중에는 사형사제가 되어 아주 멋진 도반이 되었다고 볼 수 있다.

흔히 부처님은 진실과 방편의 두 가지를 말씀하셨다고 하는데, 장경스님은 여래께서 두 가지 말씀을 하신 것이 아니라고 강조했다. 장경선사는 이론에 떨어져 헤매는 사람들을 안타깝게 여기신 것이다. 하지만 노파심이 지극하면 틈을 보이기 마련이다.

듣고 있던 보복선사가 그 틈을 간파하고 질문을 했다. "여래의 말씀이란 것이 무엇입니까?"

이 날카로운 질문을 장경선사는 가볍게 받았다. 당신의 진심을 사제가 읽지 못했다고 생각한 것이다. 그래서 "말귀도 못 알아듣는 사람이로구만!"하고 내질러버렸다.

그러자 보복스님이 쏘아붙였다. "내 그럴 줄 알았지. 사형은 핵심에서 벗어난 얘기를 하고 있단 말입니다."

장경스님이 아차 싶었던 모양이었다. 반격할 요량으로 물었다. "어떤 것이 여래의 말씀이오?"

하지만 보복스님은 장경스님에게 반격의 기회를 주지 않았다. "차나 드시지요."

위의 대화는 누가 잘하고 누가 잘못한 것을 따지는 것이 아니다. 그렇게만 보면 두 스님을 모두 웃음거리로 만들고 만다.

위의 대화를 들으며 통쾌하게 웃을 수 있어야 한다.

송(頌)

頭兮第一第二여
두 혜 제 일 제 이

臥龍不鑒止水라
와 룡 불 감 지 수

無處有月波澄하고
무 처 유 월 파 징

有處無風浪起로다
유 처 무 풍 랑 기

稜禪客稜禪客이여
릉 선 객 릉 선 객

三月禹門遭點額이로다
삼 월 우 문 조 점 액

- **두혜제일제이(頭兮第一第二)**

  제일두혜제이두(第一頭兮第二頭). 제일의(第一義)와 제이의(第二義).

- **와룡(臥龍)**

  살아 있는 용(活龍).

- **능선객(稜禪客)**

  장경 혜릉선사(長慶慧稜禪師).

- **삼월우문조점액(三月禹門遭點額)**

  중국 하남성에 있는 용문산(龍門山)의 폭포를 우왕(禹王)이 삼단으로 나누어 막아 홍수를 방지했다. 그런데 꽃피는 삼월이 되면 잉어가 그 삼단의 폭포를 올라 용이 되고, 오르지 못하는 잉어는 바위에 머리를 박아 이마에 상처(점)가 생긴다는 전설이 있다. 여기서는 장경스님이 보복스님에게 한 방망이 맞은 것을 빗대어 말한 것이다.

궁극적인 이치와 두 번째의 이치여!
살아 있는 용은 멈춘 물을 보지 않네.
용 없는 곳엔 파도 맑아 달 나타나고,
용 있는 곳엔 바람 없이 파도가 이네.
혜릉 선객이여 혜릉 선객이여
삼월의 우문에서 이마에 점만 찍었네.

강설(講說)

설두선사께서 제1구에서 "궁극적인 이치와 두 번째의 이치여!"라고 환기시키셨다.

본성 그 자체 즉 진여의 경지인가 아니면 거기에 대한 설명인가를 두고 수많은 논서(論書)와 선어록(禪語錄)에서 언급하고 있다. 그렇다면 진여(眞如) 또는 본성(本性)에 대한 말씀이라고 과연 그것이 진여나 본성 그 자체일까? 착각하지 말 것.

설두노사는 제2구에서 "살아 있는 용은 멈춘 물을 보지 않네."라고 일침을 가하셨다.

살아 움직이는 용이 멈춘 물 즉 썩어가는 물에 관심을 가지고 거기에 머물겠는가. 그런 물에서는 결코 살아 있는 용을 볼 수 없다.

깨달은 사람은 이미 고정된 지식 따위로 사람들을 어지럽게 하지 않는다. 아무리 뛰어난 언변이나 멋진 말이라도 그 속에 깨달음이 있는 것은 아니다.

제3구와 제4구에서는 "용 없는 곳엔 파도 맑아 달 나

타나고, 용 있는 곳엔 바람 없이 파도가 이네."라고 방향제시를 하셨다.

무심의 경지에 머물지 말라. 비록 파도 없어 달은 나타나겠지만 자칫 귀신소굴에 살림 차릴까 걱정 된다. 살아 있는 작가(作家)라면 물이 멈춰 썩어가게 두겠는가.

설두 영감님이 끝으로 "혜릉 선객이여 혜릉 선객이여, 삼월의 우문에서 이마에 점만 찍었네."라고 노파심을 보이셨다.

장경 혜릉선사의 그 마음을 설두스님이 모를까마는 그래도 '아'와 '어'는 분명 다른 걸 어쩌겠는가. 설두 노인네가 그것을 안타까워하는구나. 무릇 선지식이라면 잠깐 사이라도 방심을 하면 안 되는 법인데, 안타깝게도 장경스님이 방심한 그 찰나에 보복선사에게 한 방망이 세게 맞고 말았구나.

헤아리지 말고 차나 마시게나.

제96칙

조주 삼전어
(趙州三轉語)

조주선사의
세 마디 말

"흙부처가 물을 건너지 못하는 도리를
아는가!"

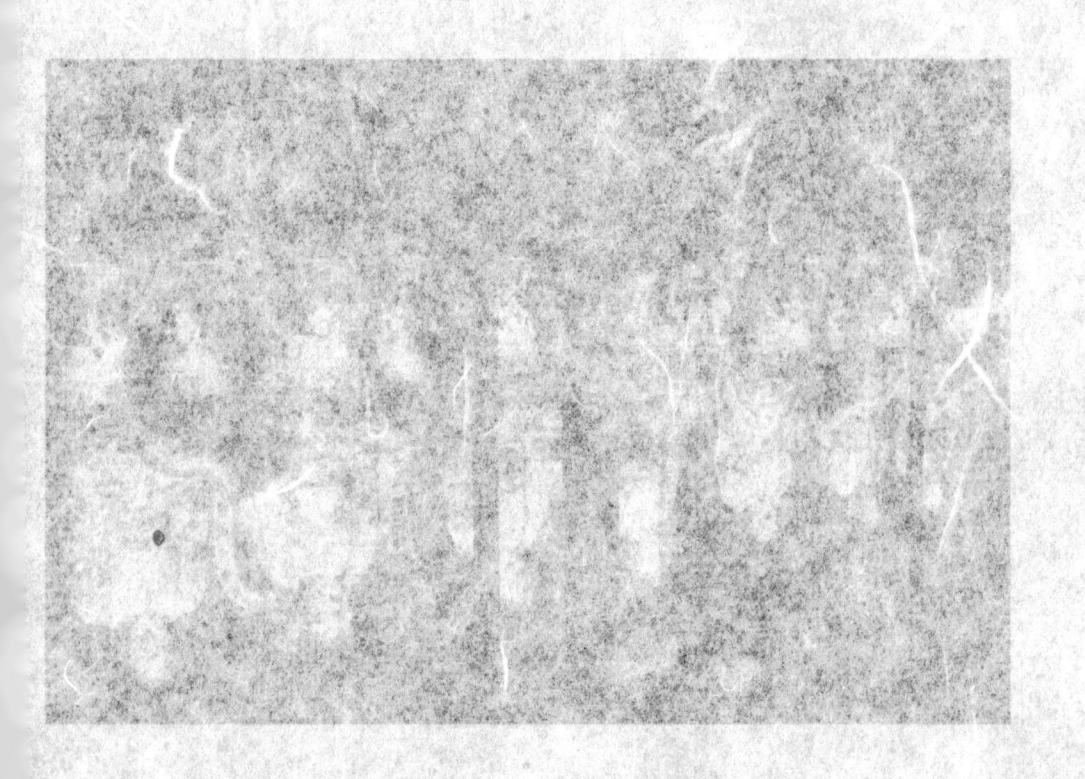

어느 부처님이 가장 영험할까?

본칙(本則)

擧趙州示衆三轉語하다
거 조주시중삼전어

- **전어(轉語)**

  상황을 단번에 변화시킬 수 있는 전기를 만드는 말.

- **일전어(一轉語)**

  스승이 제자의 어리석음을 깨뜨려 깨달음으로 나아가게 하는 말.

- **삼전어(三轉語)**

  세 번의 일전어.

이런 얘기가 있다. 조주선사께서 깨달음에 이르게 하는 세 마디 말씀을 대중들에게 보이셨다.

강설(講說)

본칙에 구체적인 내용이 없이 '깨달음에 이르는 세 마디 말씀(三轉語)'을 하셨다고 했다. 그 까닭은 '조주선사의 삼전어(趙州三轉語)'를 스님들이 대부분 알기 때문이다. 『선문염송(禪門拈頌)』 제12권 '434 금불(金佛)'을 보면 그 내용이 다음과 같다.

趙州示衆云 金佛不度爐 木佛不度火 泥佛不度水 眞佛內裏坐

조주선사께서 대중들에게 법문을 하셨다. "금부처는 용광로를 건너지 못하고, 나무부처는 불을 건너지 못하며, 흙부처는 물을 건너지 못하고, 참 부처는 안에 앉았느니라."

그 유명한 '삼전어(三轉語)'라는 것에 어째 조주선사의 향기가 부족하다. 그때의 대중은 형상 따위에나 집착하던 집단이었나? 제대로 수행하는 출가자라면 불상을 진불(眞佛)로 보지 않는다. 하지만 정말 조주선사께서 그것을 몰라 삼전어(三轉語)를 말씀하셨을까? 공부하는 자는 마땅히 조주선사께서 가리키는 최후의 자리를 깨달아야 할 것이다.

송(頌)

泥佛不渡水여　神光照天地라
니 불 부 도 수　신 광 조 천 지

立雪如未休인댄　何人不雕僞리오
입 설 여 미 휴　하 인 부 조 위

金佛不渡鑪여　人來訪紫胡하니
금 불 부 도 로　인 래 방 자 호

牌中數箇字로다　清風何處無리오
패 중 수 개 자　청 풍 하 처 무

木佛不渡火여　常思破竈墮라
목 불 부 도 화　상 사 파 조 타

杖子忽擊著하니　方知辜負我로다
장 자 홀 격 착　방 지 고 부 아

- **신광(神光)**

(1)본성의 빛. (2)신광스님 즉 혜가대사.

- **입설(立雪)**

신광스님이 달마대사를 친견하기 위해 달마동 앞에서 눈에 하반신이 묻히도록 서 있었던 일.

- **자호(紫胡)**

자호 이종(紫胡利蹤)선사. 당대(唐代)의 선사. 남전 보원선사의 법제자. 자호산(子湖山)에 정업원(定業院)을 개원하여 후학을 지도했는데, 함통(咸通) 2년(861) 칙명으로 안국선원(安國禪院)이란 편액을 하사받았음. 저서에 『자호이종선사어록(子湖利蹤禪師語錄)』 1권이 있음.

- **패중수개자(牌中數箇字)**

팻말 속의 몇 개 글자. 자호스님은 산문에 팻말 하나를 세웠는데, 그 팻말에 다음의 글귀를 써 놓았다. 〈紫胡有一狗 上取人頭 中取人腰 下取人脚 擬議則喪身失命〉 '자호에게 개 한 마리 있으니, 위로는 사람 머리를 취하고, 가운데로는 사람 허리를 취하며, 아래로는 사람다리를 취한다. 망설이며 주저한다면 목숨을 잃을 것이다.' 즉 사나운 개가 있어서 사람을 가리지 않고 물어뜯으니 조심하라는 뜻.

• **파조타(破竈墮)**

『조당집(祖堂集)3』에 다음과 같은 내용이 있음. 파조타 화상은 당대(唐代) 스님으로 오조 홍인(弘忍, 668~761)대사의 제자. 다음의 일화에 의한 별명만 전함.

스님이 살던 곳 곁에 사람들이 부엌귀신에게 제사를 지내는 사당이 있었는데, 제사를 지낸다고 매양 살아 있는 짐승을 삶아 죽이는 일이 되풀이 되었다. 이것을 지켜보던 스님이 어느 날 사당에 들어가 주장자로 부뚜막을 내리치면서 말하기를, "성령(聖靈)이 어떻게 살아 있는 동물을 삶아 죽이게 하는가?" 하였다. 그때 부뚜막이 무너지면서 푸른 옷을 입은 작은 사람이 나타나 말했다. "저는 이 사당의 조왕신인데, 스님의 무생법문(無生法門)을 듣고 오랫동안 받은 업보에서 벗어나서 생천(生天)할 수 있게 됨을 감사드립니다."하고 사라졌다. 사람들이 이로부터 스님을 파조타(破竈墮)화상 즉 '부엌을 부순 스님' '부엌귀신을 제도한 스님' 이라고 했다.

• 고부(辜負)

본의나 기대에 어긋나는 짓을 함.

흙부처가 물을 건너지 못함이여!
신비로운 빛이 온 누리를 비춤이라.
눈에 서 있음 만일 멈추지 않았다면,
어떤 사람이건 흉내를 내지 않았으랴.
금부처가 용광로를 지나지 못함이여!
사람들이 찾아와 자호선사 방문하니
문 앞 팻말 속에 몇 개 글자가 있었네.
맑은 바람이야 어디엔들 없으리오.
나무부처가 불을 지나지 못함이여!
언제나 파조타 화상을 생각하네.
주장자로 문득 내려치시니
비로소 자신을 저버렸음 알았네.

강설(講說)

설두화상이 송의 앞부분에서 "흙부처가 물을 건너지 못함이여! 신비로운 빛이 온 누리를 비춤이라. 눈에 서 있음 만일 멈추지 않았다면, 어떤 사람이건 흉내를 내지 않았으랴."라고 일갈하셨다.

흙을 빚어 만든 불상에 무슨 절대적 영험이 있겠는가. 그 사실을 분명히 안다면, 본래로부터 있는 신비로운 빛이 이미 온 우주에 충만함도 깨달으리라.

제2조 혜가(慧可)대사께서 신광(神光)스님일적 달마대사를 친견코자 하반신이 눈에 묻힐 정도가 되도록 뜰에 서 있었으나 받아주질 않자, 자신의 왼팔을 잘라서 들고 "믿음(信)을 바칩니다."하여 비로소 들어갈 수 있었다. 누구나 달마대사와 제자 혜가의 대화를 되풀이하고 있으면서도 혜가대사의 깨달음에 이르지 못한다.

누구나 흉내는 내지만 진짜 중요한 것은 그대로 할 수 없다. 혜가대사처럼 자신의 목숨을 내 놓을 수 없기 때문이다.

설두 노인네가 송의 중간 부분에 "금부처가 용광로를 지나지 못함이여! 사람들이 찾아와 자호선사 방문하니 문 앞 팻말 속에 몇 개 글자가 있었네. 맑은 바람이야 어디엔들 없으리오."라고 자호선사의 일화를 언급했다.

만든 불상이 무쇠나 금으로 되었다고 거기에서 대원경지(大圓鏡智)가 나오겠는가. 누군가 경율론 삼장으로 무장한 후 자호선사를 찾는다고 해도, 맹견의 날카로운 이빨에 목숨을 부지하기 어려울 것이다. 만일 맹견을 능히 때려잡을 수 있는 솜씨라면, 그는 언제 어디에서나 청풍 속에서 유유자적할 수 있을 것이다.

설두선사가 송의 뒷부분에 "나무부처가 불을 지나지 못함이여! 언제나 파조타 화상을 생각하네. 주장자로 문득 내려치시니 비로소 자신을 저버렸음 알았네."라고 하여 본래 모습을 언급하였다.

침향이나 흑단으로 아무리 멋진 불상을 깎는다고 해도, 불 속에 들어가면 재가 되어 흩어져 버릴 것이다.

신통방통한 조왕신이 파조타 화상을 만나지 못했더

라면, 언제까지나 제물을 받으며 살생의 업을 키웠을 것이다. 하기야 예나 지금이나 매양 신통을 광고하는 사이비들이 많지. 그 신통 작은 바람에도 날릴 것이니, 생사의 광풍을 어찌 넘길까. 광풍에도 날리지 않는 진짜는 어디 있는가.

제97칙

금강 경천
(金剛輕賤)

금강경에서의
무시당하고 업신여겨짐

"손 안에 있는 밝은 구슬의
주인이 되었는가?"

천민 출신으로 출가하여 계율을 철저히 지킴으로써
십대 제자가 된 우파리(Upāli)존자.
지계제일만으로 수제자가 될 수는 없었다.

강설(講說)

여러 가지 방법을 자유자재로 구사하여 후학들을 지도하는 지도자가 있다고 하더라도 모든 후학을 모두 깨닫게 할 수는 없으며, 능수능란한 솜씨로 부처님과 조사님들의 깨달음을 설명할 수 있다고 하더라도 스스로 깨달아야 하는 불교의 근본 취지를 뒤집을 수는 없다.

세상을 깜짝 놀라게 할 정도의 강력하고 빠르며 논리적이고 화려한 능력을 보여주는 사람이라고 할지라도 그가 완벽한 깨달음을 얻었다고 하기에는 어림없다고 할 것이다.

그렇다면 깨달음의 본체를 완벽하게 드러내는 솜씨를 지닌 이가 있기나 한 것일까?

벽암록 제97칙은 쿠마라지바 스님이 한역(漢譯)하고 양나라 소명태자가 32분으로 나눈 『금강경』 제16 「능정업장분(能淨業障分)」의 내용 중 일부. 『금강경』은 교학적으로 깨달음의 지혜에 대해 설명하고 있어 매우 중시되지만, 선적으로도 중국과 한국의 선종(禪宗)에서 가장 중시한 소의경전(所依經典)임.

본칙(本則)

擧 金剛經云 若爲人輕賤이면 是人은 先
거 금강경운 약위인경천 시인 선

世罪業으로 應墮惡道어든 以今世人輕賤
세죄업 응타악도 이금세인경천

故로 先世罪業이 卽爲消滅이니라
고 선세죄업 즉위소멸

- **위인경천(爲人輕賤)**

  타인으로부터 무시당하고 업신여김을 받음

- **죄업(罪業)**

  잘못을 저지른 일로 인해 받게 되는 영향력.

- **악도(惡道)**

  일반적으로는 중생이 해탈하지 못한 상태에서 떠돌게 되는 여섯 가지 세계 중 좋지 못한 세 가지인 굶주림의 아귀도(餓鬼道)와 어리석음의 축생도(畜生道)와 끝없는 괴로움의 지옥도(地獄道).

이런 얘기가 있다.

『금강경』에서 말씀하셨다. "만약 사람들에게 업신여겨지고 천대받게 된다면 이 사람은 전생의 죄업으로 마땅히 악도에 떨어질 것이지만, 지금 사람들에게 업신여겨지고 천대받는 까닭에 전생의 죄업이 곧 소멸되는 것이니라."

강설(講說)

본칙에 앞에 '자질이 훌륭한 남자나 여인이 『금강경』을 받아 지니며 독송하는데도'라는 말씀이 더 있다. 연결해 보면 '가장 뛰어나다는 『금강경』을 열심히 받아 지니고 읽고 외우는데도 다른 사람들로부터 업신여김을 당하고 천대받는 일이 일어난다면, 바로 그것으로 인해 모든 업장이 소멸되고 큰 깨달음을 이룰 수 있다'고 하신 것이다.

『금강경』을 비롯한 경전의 수지 독송에 대해 큰 오해가 있다. 오래전 불교방송 '자비의 전화'에서 상담을 할 때 아주 많은 분들이 하루의 수행에 몇 가지의 경전을 독송한다고 밝혔다. 심지어 『금강경』을 하루 20회 정도 독송한다고도 했다. 그래서 경의 뜻이 무엇이냐고 물어보면 잘 모르고 그냥 독송한다는 것이었다. 그러면서 "경전에서도 수지 독송만 해도 업장이 소멸되고 깨달을 수 있다고 하지 않았습니까?"하고 되묻는 것이었다. 그래서 "'식사를 하면 배가 부르다'는 말씀이 경전에 있을 때, 그 말만 되풀이해서 외우고 있으면 배가 부르던가요?"하고 되묻곤 했다.

경전은 부처님 말씀이면서 수행에 대한 지침이다. 그 말씀대로 직접 실천하라는 뜻이다. 수지(受持)는 '받아 지닌다'고 번역할 수 있지만, 그 뜻은 그 가르침에 맞는 삶을 사는 것이다. 즉 자신이 부처님의 깨달음에 도달하는 것을 뜻한다. 독송(讀誦)은 소리 내어 읽고 외우는 것이니, 가르침을 타인에게 전달해주는 보살행이다. 스스로도 깨닫고 타인도 깨닫게 한다면 모두가 해탈할 것이니 무엇에 달리 걸리겠는가.

만약 뜻도 모르면서 읽고 외우기만 한다면 무슨 신통과 가피가 있겠는가. 신통과 가피는 올바른 실천에 따르는 부차적인 것일 뿐이다. 하지만 깨달은 사람은 신통과 가피를 바라지도 않는다. 이미 신통과 가피 아닌 것이 없기 때문이다.

송(頌)

明珠在掌하니 有功者賞하리라
명 주 재 장　　유 공 자 상

胡漢不來하면 全無技俩이로다
호 한 불 래　　전 무 기 량

技俩旣無인댄 波旬失途라
기 량 기 무　　파 순 실 도

瞿曇瞿曇이여 識我也無아
구 담 구 담　　식 아 야 무

復云勘破了也라
부 운 감 파 료 야

밝은 구슬이 손안에 있으니
공이 있는 자에게 상을 주리라.
오랑캐와 한인이 오지 않는다면
솜씨를 전혀 발휘함이 없네.
솜씨를 이미 발휘함이 없다면
마왕 파순도 어쩌지를 못하리라.
고타마시여, 고타마시여!
나를 알아보시겠습니까?

(설두스님이) 다시 말했다.
다 파악해 버렸다.

강설(講說)

송의 제1구와 제2구에서 설두선사는 "밝은 구슬이 손안에 있으니, 공이 있는 자에게 상을 주리라."라고 하여 깨달음의 인과를 밝혔다.

누구나 자기 손안에 밝은 구슬을 가졌다. 하지만 그것을 자유자재로 쓸 수 있는 능력이 있는 이라야만 비로소 밝은 구슬의 주인이 되는 것이다. 불성이 누구에게나 있다고 하더라도 보지도 못하는 어리석은 상태로 거들먹거리지 말라.

설두 노인네는 송의 제3구와 제4구에서 "오랑캐와 한인이 오지 않는다면, 솜씨를 전혀 발휘함이 없네." 라고 하여 지혜가 어찌 발현되는지를 밝혔다.

밝은 거울은 남자가 나타나면 남자를 보여주고, 여자가 나타나면 여자를 보여준다. 하지만 남자도 여자도 나타나지 않는다면 무엇을 보여주겠는가. 그 자리를 분명히 보았다면 누구라도 입을 다물 것이다.

송의 제4구와 제5구에서 "솜씨를 이미 발휘함이 없다

면, 마왕 파순도 어쩌지를 못하리라." 라고 하여 적멸을 밝혔다.

적멸의 경지에 이른 사람이라면 마왕 파순이 모든 마군을 끌고 오더라도 그를 볼 수 없으니 어찌해 볼 도리가 없는 것이다. 업장을 찾으려 해도 찾을 길이 없었던 승찬대사에게 다시 소멸할 업장이 남았다는 헛소리를 누가 하는가.

설두화상은 송의 제7구와 제8구에서 "고타마시여, 고타마시여! 나를 알아보시겠습니까?"라고 하여 다시 적멸을 설파했다.

이미 적멸하여 자취를 남기지 않는 이라면 고타마인들 어쩌겠는가. 절대자유의 경지에 이른 사람에 대해서는 부처님도 입을 다물어 버린다.

끝으로 설두스님이 다시 말했다. "다 파악해 버렸다."

앞에서 설명한 그런 사람이라면 더 이상 무언가를 찾지 않는다는 것을 설두 노인네가 다시 친절하게 일러주는구나. 그럼에도 아직 두리번거리며 찾고 있는가? 딱하구나, 딱해!

제98칙

서원 양착
(西院兩錯)

서원화상이
두 번 틀렸다 함

"틀렸어, 틀렸어…
서원화상의 맑은 바람 단박 녹여버렸네"

겸제 정선(謙齋鄭敾)기념관 특강.
과연 몇 사람이나 자신의 지혜검을 쓸 수 있게 되었을까!

강설(講說)

모여서 수행하는 기간에는 각 도량마다 큰스님들의 법문이나 갖가지 시험들이 많이 있게 마련이다. 선지식들은 다만 한 사람이라도 깨달음에 이르게 하기 위해 최선을 다하는 것이겠지만, 그 목적대로 되기나 하는 것일까?

지도를 받는 이들은 또 얼마나 간절하게 목숨을 걸고 덤비는 것일까? 어설프게 남의 농사수확만 넘보는 것이 아닐까? 남에게도 속지 않고 자신에게도 속지 않아야 비로소 봄소식 찾아 온 산을 헤매지 않을 것이다.

하지만 또 누가 자신에게 지혜의 보검이 있음을 분명히 알겠는가? 참으로 첩첩산중이다.

서원 사명화상은 보수 연소(寶壽延沼)화상의 법제자. 여주(汝州)의 서원(西院)에서 가르침을 펼쳤음.

천평 종의화상은 송나라 때 스님. 청계 홍진(淸溪洪進)의 제자. 하남성 상주(相州)의 천평산(天平山)에 주석.

본칙(本則)

擧 天平和尙이 行脚時에 參西院이라 常云
거 천 평 화 상 행 각 시 참 서 원 상 운

莫道會佛法하라 覓箇擧話人也無로다 一
막 도 회 불 법 멱 개 거 화 인 야 무 일

日에 西院이 遙見하고 召云 從漪여하니 平이
일 서 원 요 견 소 운 종 의 평

擧頭어늘 西院云 錯이로다 平이 行三兩步라
거 두 서 원 운 착 평 행 삼 양 보

西院又云 錯이라 平이 近前이라 西院云 適
서 원 우 운 착 평 근 전 서 원 운 적

來這兩錯은 是西院錯가 是上座錯가 平
래 저 양 착 시 서 원 착 시 상 좌 착 평

云 從漪錯이니다 西院云 錯이로다 平이 休去
운 종 의 착 서 원 운 착 평 휴 거

하다 西院云 且在這裏過夏하며 待共上座
서 원 운 차 재 저 리 과 하 대 공 상 좌

商量這兩錯하라 平이 當時便行이라
상 량 저 양 착 평 당 시 변 행

後에 住院謂衆云 我當初行脚時에 被業
후 주 원 위 중 운 아 당 초 행 각 시 피 업

風吹하야 到思明長老處하니 連下兩錯이
풍취 도사명장로처 연하양착

라 更留我過夏하야 待共我商量이라하니 我
경류아과하 대공아상량 아

不道恁麽時錯이라 我發足向南方去時
부도임마시착 아발족향남방거시

에 早知道錯了也라
조지도착료야

- **행각(行脚)**

  돌아다니며 수행함.

- **참(參)**

  참방(參訪)함. 찾아가 봄.

- **서원(西院)**

  (1)서원이라는 도량 또는 선원. (2)서원에 주석하며 후학을 지도한 서원 사명(西院思明)화상.

- **상량(商量)**

  헤아려 잘 생각함.

- **업풍(業風)**

  어떤 행위가 버릇처럼 되어 자기도 모르게 그 방향으로 움직여 버리는 것.

천평스님이 돌아다니며 수행할 때, 서원화상 밑에서 공부할 때였다. (그가 서원에 머물 때에) 항상 말했다. "불법을 안다고 말하지 말라. 불법에 대하여 아는 사람을 찾아도 없더라."

하루는 서원화상이 (그런 천평스님의 모습을) 멀리서 보고는 "종의야!" 하고 불렀다.

천평스님이 고개를 들었다.

서원화상이 말했다. "틀렸다."

천평스님이 두세 걸음 나아가자 서원화상이 다시 말했다. "틀렸다."

천평스님이 가까이 다가가자 서원화상이 말했다. "방금 이 두 번 틀렸다는 것은 내가 틀린 것이냐 자네가 틀린 것인가?"

천평스님이 말했다. "제가 틀린 것입니다."

서원화상이 말했다. "틀렸다."

천평스님이 그만두려 하자 서원화상이 말했다. "자! 이곳에서 여름을 보내며 상좌와 더불어 이 두 번의 틀림을 의논해 보자."

천평스님이 그때 바로 떠났다.

뒷날 천평원에 머물며 대중들에게 말했다. "내가 처음 행각할 때에 그때까지 하던 방식대로 사명장로의 처소에 이르렀는데, 연이어 두 번 틀렸다는 말을 듣게 되었다. 내가 떠나려 하자 사명화상이 여름을 지내며 나와 더불어 살펴보자고 만류했다. 내가 이때는 틀렸음을 깨닫지 못했으나 내가 남방을 향해 갈 때에 이미 틀려버렸음을 깨달아 알았다."

강설(講說)

불법을 안다고 말 많은 사람치고 제대로 된 이가 있던가? 하물며 깨달음을 자랑하는 자가 정상적인 것을 본 일이 없다. 불법이나 깨달음이 말에 있지 않기 때문이다. 이런 자는 이미 본질에서 멀다.

이름이 자신이던가? 행위가 주인공이던가? 그러니 무엇이 틀렸는지를 알 수 있겠는가. 여기 틀렸다는 것이 무엇인지를 모른 채 그저 말 따라 앵무새처럼 답을 하고 있다. 틀렸다.

천평스님이 회상하듯 말하고 있으나 참 아득하기만 하다. 어쭙잖은 자들이 하는 짓거리를 따라하면서 무슨 알고 말고를 또 말하는가.

송(頌)

禪家流가 愛輕薄하니
선 가 류 애 경 박

滿肚參來用不著이라
만 두 참 래 용 불 착

堪悲堪笑天平老여
감 비 감 소 천 평 로

却謂當初悔行脚이로다
각 위 당 초 회 행 각

錯錯이라
착 착

西院清風頓銷鑠이로다
서 원 청 풍 돈 소 삭

復云
부 운

忽有箇衲僧出云着이라하면
홀 유 개 납 승 출 운 착

雪竇錯이 何似天平錯고
설 두 착 하 사 천 평 착

- **선가류(禪家流)**

  선 수행한다며 떠드는 이들.

- **만두(滿肚)**

  배 가득. 마음 가득.

- **참래(參來)**

  선을 살피다.

선수행자라는 이들이 경박한 언행 좋아하니
마음 가득 선(禪)을 살피나 쓸모가 분명치 않네.
불쌍하고도 가소롭구나 천평노인이여
당초에 행각함을 후회한다고 도리어 말하네.
틀렸어, 틀렸어.
서원화상의 맑은 바람 단박 녹여버렸네.

(설두스님이) 다시 말했다.
문득 어떤 한 선객이 나와서 틀렸다고 말한다면,
설두의 틀림이 천평의 틀림과 어찌 보이는가?

강설(講說)

설두노사가 "선수행자라는 이들이 경박한 언행 좋아하니, 마음 가득 선을 살피나 쓸모가 분명치 않네."라고 경고를 하였다.

선어록이라도 읽은 이들은 모두 선(禪)에 대해 말하길 좋아한다. 그래서 들은 얘기나 책에서 본 내용을 마치 자기의 체험처럼 말한다. 또 어떤 이는 얕은 체험을 한 후에 마치 큰 깨달음에 이른 사람처럼 자랑하고 다닌다. 하지만 어쩌랴. 어떤 경계에 부딪치면 아무 쓸모도 없는 것인데. 하물며 대가를 만나서도 자신의 허물이 무엇인지를 모르니 경박하달 수밖에.

설두화상은 다시 "불쌍하고도 가소롭구나 천평노인이여, 당초에 행각함을 후회한다고 도리어 말하네."라고 천평화상의 오류를 지적했다.

종의(천평)스님도 떠들고 다니며 만나는 이마다 얕잡아 보길 좋아했다. 서원화상이 그 꼴을 보다가 불렀다. 그리곤 두 번 세 번 그를 위해 애썼으나, 결국 서원화상을 떠났다. 뒷날 천평산에 주석하고 있을 때 대중들에게 철 지난 얘기를 또 주절거리고 있으니, 안타깝다 천평노인이여!

설두 노인네가 "틀렸어, 틀렸어. 서원화상의 맑은 바람 단박 녹여버렸네."라고 하여 어떻게 잘못을 바로잡는지를 다시 설명하였다.

잘난 체하던 종의스님의 아만을 단박 꺾어버렸으니, 화상의 "틀렸다!"는 말 한마디에 모든 것을 날려 버릴 수 있어야 비로소 조금 보는 눈이 있다고 하겠다.

끝으로 설두화상이 다시 말했다. "문득 어떤 한 선객이 나와서 틀렸다고 말한다면, 설두의 틀림이 천평의 틀림과 어찌 보이는가?"

설두 노인네는 오지랖이 너무 넓다. 마지막까지 자비를 베풀어 한 사람이라도 눈을 열어주려고 애쓰지만, 그럴 사람이라면 앞에서 벌써 일을 마쳤을 것이다. 오히려 구렁텅이에 빠지는 놈만 많아질 뿐이다.

제99칙

혜충 십신조어
(慧忠十身調御)

혜충국사의
부처님 몸

"천 길 절벽 끝 가차 없이 몸을 던지면
비로소
비로자나불의 머리를 밟게 되리…"

네팔의 나가르콧에서 촬영한 히말라야 영봉.
건너다본 정도로 히말라야를 안다고 떠들어서는 안 됨.

강설(講說)

깨달음에 이른 선지식들의 한마디 말이나 행동이 사람들을 잘 이끌어주고 세상을 변화시킨다. 선지식들은 사람의 자질에 가장 알맞은 방법을 사용하며, 명확하여 빈틈이 없이 훌륭한 모습을 보인다.

모든 선지식들은 자기 마음대로 말하고 행동하는 것이 아니다. 모든 언행의 핵심을 보면 온 세상에 가득해서 눈 밝은 이라면 누구나 볼 수 있는 것이며, 어디에서나 한결같은 것이고, 부처님 때나 지금이나 분명한 것이다.

그러나 잘 알아야 한다. 머리로도 가슴으로도 거기에 이를 수 없다는 것을. 그러니 함부로 헤아리지 말라. 선지식들의 경지를 엿보기라도 했는가?

혜충(慧忠)국사(?~775)는 육조대사의 법제자로 남양(南陽)의 백애산(白崖山)에 40년간 두문불출하셨기에 흔히 남양 혜충국사로 존칭됨. 명성이 드높아 당(唐) 제7대 숙종(肅宗), 제8대 대종(代宗) 2대 황제의 국사(國師)로 존경받았음. 입적하실 때의 연세가 130세 정도였다고 하나 확실하지는 않음.

본칙(本則)

擧 肅宗帝問忠國師호대 如何是十身調
거 숙종제문충국사 여하시십신조

御닛고 國師云 檀越踏毘盧頂上行하소서
어 국사운 단월답비로정상행

帝云 寡人不會니다 國師云 莫認自己清
제운 과인불회 국사운 막인자기청

淨法身하소서
정법신

- **십신조어(十身調御)**

  열 가지 몸의 조어장부(調御丈夫). 부처님의 십호를 일컬은 것으로도 볼 수 있으나 간략하게 '부처님'으로 정리할 수 있음.

- **단월(檀越)**

  산스크리트어 다나빠띠(danapati)를 소리대로 옮긴 것으로 시주(施主)라 한역(漢譯)하기도 함. '베푸는 사람'이라는 뜻으로 주로 불사에 동참한 사람을 일컬을 때 씀.

- **비로(毘盧)**

  비로자나(毘盧遮那)를 줄인 말로 산스크리트(Sanskrit)어 바이로차나(vairocana)를 소리대로 옮긴 것. 광명편조(光明遍照) 즉 모든 곳을 다 비추는 빛이라는 뜻. 흔히 법신불(法身佛)을 지칭할 때 사용.

숙종황제가 혜충국사께 물었다. "어떤 것이 부처님입니까?"

혜충국사께서 말씀하셨다. "단월이시여, 비로자나불의 정수리를 밟고 가십시오."

황제가 말했다. "저는 (그 뜻을) 모르겠습니다."

국사께서 말씀하셨다. "자기의 청정법신을 잘못 알지 마십시오."

강설(講說)

신심 깊은 숙종은 혜충국사를 마치 부처님 대하듯 했던 황제이다. 그 숙종이 국사께 "어떤 것이 참된 부처입니까?"하고 물었다. 이 물음은 그저 사전적 풀이나 석가모니의 일대기 등을 물은 것이 아니다. 국사께서는 참으로 자상하게 답을 해 주셨다. "비로자나불의 정수리를 밟고 지나가십시오." 이 대목에서 오만한 놈들은 온갖 허물을 지을 것이다. 하지만 숙종은 그런 류는 아니었던 모양이다. 그래서 솔직하게 모르겠다고 말했다. 그러자 국사께서 이번에는 다른 각도에서 짚어주셨다. "자기의 청정법신을 잘못 알아서는 안 됩니다." 또 여기서 망상 피울 자가 부지기수일 터이다.

숙종이 이 자상한 말을 알았을까? 자상하긴 하지만 도처에 함정이다. 혜충국사가 그저 자상한 시골 노인네는 아니란 말씀이지.

송(頌)

一國之師亦强名이라
일 국 지 사 역 강 명

南陽獨許眞嘉聲이로다
남 양 독 허 진 가 성

大唐扶得眞天子하야
대 당 부 득 진 천 자

曾踏毘盧頂上行이로다
증 답 비 로 정 상 행

鐵鎚擊碎黃金骨하니
철 추 격 쇄 황 금 골

天地之間更何物고
천 지 지 간 갱 하 물

三千刹海夜沈沈이라
삼 천 찰 해 야 침 침

不知誰入蒼龍窟고
부 지 수 입 창 룡 굴

- **황금골(黃金骨)**

  비로자나. 청정법신.

- **창룡굴(蒼龍窟)**

  용이 사는 굴. 목숨을 걸고 그 굴에 들어가 용의 수염 아래 있는 여의주를 가져오는 일을 깨달음에 견주어 말하기도 함.

한 나라의 스승이란 것 또한 억지이름
남양 홀로 멋진 이름 떨칠 수 있었네.
당나라에서 참다운 천자를 도와주어서
일찍이 비로자나 머리 밟고 가게 했네.
쇠로 된 망치로 황금의 뼈를 깨부수니
하늘과 땅 사이에 다시 어떤 물건인가?
삼천대천세계 온 우주에 밤은 깊었는데
뉘라서 창룡굴에 들어갈지 모르겠구나.

강설(講說)

설두화상은 먼저 "한 나라의 스승이란 것 또한 억지 이름, 남양 홀로 멋진 이름 떨칠 수 있었네."라고 하여 혜충국사의 면모를 슬쩍 보였다.

어떤 자리의 이름이 그 사람일 수는 없다. 그것은 그저 임시로 붙인 것에 불과한 것이다. 그러나 그 자리에 있다고 다 같은 것이 아니다. 남양 혜충국사는 황제를 정말 황제답게 대했다. 황제라고 비위나 맞추거나 기분 좋은 말이나 해서 되겠는가. 과연 혜충국사는 빛나는 모습을 보여주었다.

설두 노인네는 이어서 "당나라에서 참다운 천자를 도와주어서, 일찍이 비로자나 머리 밟고 가게 했네."라고 하여 참다운 교화를 정의했다.

숲속에 있는 자는 눈앞의 나무나 본다. 중턱에 있는 이는 아래의 숲과 아득한 정상을 올려다본다. 그러나 단면이다. 정상에 올라야 비로소 사방을 모두 보고 천상천하를 단박에 본다. 그러니 물을 것도 없고 설명할 것도 없는 것이다.

다음으로 설두선사는 청정법신을 다음과 같이 정리했다. "쇠로 된 망치로 황금의 뼈를 깨부수니, 하늘과 땅 사이에 다시 어떤 물건인가?"

누구에게나 청정법신이 있다는 말을 듣고는 그냥 자신이 부처라도 된 듯 아만을 드러낸다. 그건 중생의 또 다른 모습일 뿐이다. 비로자나불의 머리를 밟고 지나가는 솜씨를 지녔다면, 그 무엇인들 보이기나 하겠는가. 백년을 부처가 어떠니 불성이 어떠니 깨달음이 어떠니 떠들어봐야, 무슨 메아리라도 있을까 보냐. 허공에 잡스러운 그림 따위 그리지 말라. 뒷날 다 허물이 될 뿐이다.

설두노화상은 "삼천대천세계 온 우주에 밤은 깊은데, 뉘라서 창룡굴에 들어갈지 모르겠네."라고 하여 무시무시한 채찍을 휘둘렀다.

비로자나불의 머리꼭대기에 오르려면 어떻게 해야 할까? 말로야 누군들 못하겠는가마는 그따위 말장난으로는 어림도 없다. 지척도 볼 수 없는 경계를 지나 목숨 열 개쯤 던질 각오가 된 불퇴전의 용맹심이 아니라면 차라리 나서지 말라. 물러설 틈도 얻지 못하고 죽임을 당할 것이다.

수행자가 한 목숨 아까워 몸을 사리면서 입으로는 천하의 도인인 것처럼 떠들어봐야 눈 밝은 사람에겐 그저 도둑놈만 보일 뿐이다. 그러니 입을 닫고 천 길 절벽 앞에 서 보라. 손톱이 빠지고 손가락이 다 부러질지라도 절벽을 끝까지 올라가야 한다.

만약 천 길 절벽 끝에 서는 날이면 가차 없이 몸을 던져라. 그러면 비로소 비로자나불의 머리를 밟게 될 것이다.

제100칙

파릉 취모
(巴陵吹毛)

파릉선사의
취모검

"어떤 것이 보검입니까?"
"산호 가지마다 달이 걸렸구나"

개화사 처마 아래 등마다 달을 품었다.
누구와 더불어 그 달을 볼거나.

강설(講說)

선지식이 하는 일은 처음도 철저하고 끝도 철저한 법이다. 그렇게 하지 않으면 허물이 생기고 잘못되기 때문이다. 비록 후학을 대하여 갖가지 말이나 행위를 하지만, 사사로운 감정 따위로 말하거나 행동한 것이 아니기 때문에 처음부터 말하지 않고 행동하지 않은 것과 같다.

공부하는 이들은 '안거기간 내내 온갖 말씀과 행위로 지도를 하신 것은 무엇이란 말인가?'하고 의심을 할 것이다. 하지만 '말하지 않은 것과 같다'는 말을 듣고도 깨닫지 못했다면 세세히 설명한다고 완전히 의심을 벗어버릴 정도로 깨닫겠는가. 그러니 공부하는 이가 스스로 깨닫기를 기다려야 할 것이다.

어떤 이들은 체득해야만 하지 말로써는 안 된다고 하면, 변명이나 거짓이라고도 한다. 주로 학자들이 이런 주장을 한다. 물론 수행을 겸한 학자들은 이런 얘기를 하지 않는다. 만일 억울하다고 생각된다면 실제로 몸을 던져 수행을 해 보길 바란다. 정말 멋진 세상을 보게 될 것이다.

파릉(巴陵) 선사는 법명이 호감(顥鑑). 생몰연대는 알려져 있지 않음. 운문 문언(雲門文偃, 864~949) 선사의 법제자이며 악주(嶽州) 파릉(巴陵) 신개원(新開院)에 주석했다고 해서 파릉선사라고 함.

본칙(本則)

擧 僧問巴陵호대 如何是吹毛劍이닛고 陵
거 승문파릉 여하시취모검 릉

云 珊瑚枝枝撑著月이니라
운 산호지지탱착월

• **취모검(吹毛劒)**

터럭을 칼날에 불면 터럭이 잘린다는 명검. 선문(禪門)에서는 흔히 깨달은 이의 지혜를 가리키는 말로 사용함.

이런 얘기가 있다. 어떤 스님이 파릉선사께 여쭈었다. "어떤 것이 터럭을 자르는 보검(吹毛劍)입니까?"

파릉선사께서 답하셨다. "산호 가지마다 달이 걸렸다."

강설(講說)

취모검(吹毛劍)에 대해 곧바로 질문을 던진 후학의 용기가 대단하다. 그러나 취모검(吹毛劍)을 보려고 한다면 목숨이 백 개쯤 있어야 할 것이다. 그러니 돌아다니며 찾지 말라. 부질없는 짓이다. 돌과 옥도 가리지 못하는 안목으로는 취모검을 보여주어도 절대로 알 수 없다.

파릉선사는 참 솜씨가 빠르다. 비록 선월(禪月)스님의 시 구절에서 차용해 쓰긴 했지만, 본래 솜씨 있는 이는 세상에 이미 있는 것을 잘 쓰는 법이다. 산호의 가지마다 달이 걸린 도리를 알고자 한다면, 먼저 취모검이 자기 목을 스쳐도 멀쩡할 수 있어야 할 것이다. 물론 그 취모검을 빼앗아 휘두를 수 있다면 더할 나위 없겠지만.

아차차 산호가지에도 목이 달아나는구나.

송(頌)

要平不平에 大巧若拙이요
요 평 불 평 대 교 약 졸

或指或掌에 倚天照雪이라
혹 지 혹 장 의 천 조 설

大冶兮磨礱不下하고
대 야 혜 마 롱 불 하

良工兮拂拭未歇이로다
양 공 혜 불 식 미 갈

別別
별 별

珊瑚枝枝撐著月이로다
산 호 지 지 탱 착 월

- **대교약졸(大巧若拙)**

  크게 교묘한 것이 오히려 일반사람의 눈에는 질박한 것으로 보임. 『노자(老子)』 제45장에 나옴.

- **대야(大冶)**

  뛰어난 대장장이.

- **불하(不下)**

  불가능.

고르지 못한 것을 고르게 하려고 하니
너무나 교묘하여 오히려 평범해 보이고,
어떤 경우 손가락에 어떤 경우 손바닥에
하늘에 기대어서 눈을 비추는구나.
뛰어난 대장장이도 칼날 갈 수 없고
훌륭한 기술자도 닦느라 쉬지 못하네.
특별하고도 독특하구나.
산호의 가지마다 달이 걸렸구나.

강설(講說)

설두선사는 "고르지 못한 것을 고르게 하려고 하니, 너무나 교묘하여 오히려 평범해 보이고"라고 하여 선지식들의 노고를 슬쩍 언급하고 있다.

어설픈 후학을 위해 자비를 베풀지만, 그것이 자비인 줄을 알기나 할까? 오히려 사람들은 가르쳐주지 않으려 한다고 오해나 한다. 아주 자세한 설명이 친절인 줄 알지만, 그것은 상대를 병들게 하는 것이다. 오히려 무심한 듯 툭 던지는 것이 아주 친절한 것임을 어찌 알겠는가. 많은 제자들이 스스로 의문을 타파한 후에야, 친절하게 가르쳐주지 않았던 스승의 은혜를 뒤늦게 알았다고 실토하는 까닭이 여기에 있다.

이어서 설두 노인네는 취모검의 비밀을 이렇게 누설하였다. "어떤 경우 손가락에 어떤 경우 손바닥에, 하늘에 기대어서 눈을 비추는구나."

취모검이 박물관에 있는 그런 류의 보검인 줄로 알고 있다면 대단한 착각이다. 취모검이 모양 없다는 것을 알려주면 좀 도움이 되려나. 그러면 또 다양한 모양으로 나타나는 취모검을 모를 터이니 그것도 병이 되겠다. 어떤 경우에도 포기하지 않는다면 당연히 그 취모검을 찾을 수 있겠지만, 지친다고 실망하여 찾는 것을 그만두려고 하는 자라면 과연 어디에 허물이 있는지를 짐작이나 할까?

설두노선사가 이윽고 "뛰어난 대장장이도 칼날 갈 수 없고, 훌륭한 기술자도 닦느라 쉬지 못하네."라며 노파심을 드러내어 일갈하였다.

밖을 향해 노력한다고 취모검의 날을 세울 수 있는 것도 아니고, 평생 취모검에 대한 자료를 찾아 모아도 제대로 사용할 수 있는 것이 아니니 어찌할고?

이윽고 설두화상이 비밀을 실토하여 말하길 "특별하고도 독특하구나. 산호의 가지마다 달이 걸렸구나."라고 하였다.

결국 여기서 취모검을 자유자재로 사용한 주인공이 파릉선사임을 설두노화상도 실토하고 말았다.

자! 눈을 크게 뜨고 파릉 노인네의 솜씨를 보라. 참 대단하지 않은가. "산호 가지마다 달이 걸렸다"고 답하다니.

벽암록 맛보기를
끝내며

"모름지기 큰마음으로
자신의 주인공이 되고,
세상의 주인공이 되어보시라!"

당대 최고였다던 인도 날란다(Nālandā)대학도 폐허가 되었다.
그럼 무너지지 않는 것은 무엇일까?

불교신문 편집국장이 신년 인사차 개화사를 방문했었다. 한 시간여 차를 마신 뒤에 원고 얘기를 하기에 단번에 거절했다. 하지만 편집국장은 내 허락을 받기 전에는 일어나지 않겠다는 자세였다. 그래서 던진 말이 "벽암록이나 연재하시던가!"였다. 불교신문에서 장기간 선어록(禪語錄)을 연재할 리가 없을 것이라고 생각했었다. 몇 달이 지나갔다. 초여름부터 연재를 하겠다고 했다.

연재하는 동안 여러 가지 질문들을 받았다. 대부분 '어떻게 공부해야 하는가?'보다는 선불교(禪佛敎)나 선어록(禪語錄)에 대한 잘못된 인식에 의한 비판적 질문이 많았고, 간화선(看話禪) 참선수행이 너무 어려워 시대에 맞지 않는다는 등의 의견 제시도 많았다. 그런 질문들에 대해 직접적인 설명을 하질 않았다. 이제 연재를 끝내면서 그런 오해를 바로잡고 간화선 수행에 대한 인식을 바로잡기 위해, 부득이 내가 경험했던 것들을 언급해 보고자 한다.

나는 다섯 살 때부터 누나 따라 학교를 다녔다. 공부시간에는 누나 옆 나무마루에 양반다리로 앉아있기를 3년간 하였다. 학교선생님들은 조용히 앉아있던 나를 '돌부처아이'라고 부르기도 했다. 그럼 나는 그때 좌선을 한 것이었을까?

초등학교 4학년이 되었을 때 담임선생님이 학교 도서반장을 시켰다. 교장선생님의 열의로 산골학교치고는 책이 많았다. 방과 후 도서실이라 이름 붙인 곳에서 동화책부터 읽기 시작했는데, 졸업을 하기 전에 3천여 권의 책을 다 읽었다. 선생님들을 위한 책이 더 많았기에, 셰익스피어나 톨스토이 및 도스토예프스키의 작품 등을 그때 읽었다. 수많은 책을 읽었던 당시의 나는 문학도였을까? 아니다. 그냥 재미있어서 읽었다. 물론 그때의 독서가 내 삶에 하나의 전환점이 되긴 했다. 춘원선생의 소설 〈원효대사〉를 읽으면서 원효대사의 삶에 큰 감명을 받았고, 그때부터 원효대사는 내가 되고 싶었던 롤 모델(Role model)이 되었기 때문이다.

중학교 1학년 시절은 부산 모라의 사돈집에서 학교를 다녔는데, 방과 후엔 원효대사께서 창건하셨다는 운 수사(雲水寺) 빈 법당에서 두세 시간 앉아있길 좋아했다. 그럼 나는 그때 수행자였을까? 아니다. 고요함이 좋았을 뿐이다.

중2 때 자취를 하면서부터는 주말이면 백양산(白楊山) 선암사(仙巖寺)에 오르내리다가 석암(昔巖)큰스님과 인연이 되어 십계와 법명을 받고는 주말엔 시중을 들면서 가르침을 받았다. 석암(昔巖)큰스님은 율사(律師)셨지만, 내가 계율에 대한 질문을 해도 그저 "마음 공부하기 위한 방편일 뿐이다"고 답하셨다.

고등학교 시절에는 선지식들을 뵙는 기회가 더 많아졌다. 불교학생회 활동을 하고 있었기에 교학 공부와 3천배 예참 및 기도와 좌선도 겸한 시기였다. 〈초발심자경문〉 〈유심안락도(원효대사)〉 〈진심직설(보조국사)〉 〈팔상록(부처님 일대기)〉 〈육조단경〉 〈법화경〉 〈화엄학개론(金芿石)〉 등 닥치는 대로 출판된 모든 불교경서를 섭렵했었다. 수식관(數息觀)을 익히며 호흡도 몸도 잊는 제4단계까지 나아갔었고, 주말이면 한 번 앉아 이틀 동안 아무 생각도 없는 무기정(無記定)에

빠진 적도 여러 번 있었다. 하지만 목숨을 건 진짜 수행을 한 것이 아니었다. 결국 나는 지식으로서의 불교를 습득하고 있었고, 오래 앉는 기능인이 되고 있었다.

그러던 어느 순간, 내가 불교를 다 알고 더 이상 배울 것이 없다는 오만함이 생겼다. 근본번뇌의 하나인 만(慢-māna)이 발동한 것이다. 나는 젊은 스님들을 비롯해 신부님이나 목사님 및 원불교 교무님들을 찾아가 논쟁을 벌였다. 배우려는 것이 아니라 논쟁에 이겨 내 잘남을 보여주려던 것이었다.

그러다가 기이한 인연으로 교학의 최고봉이셨던 탄허(呑虛)큰스님을 만나 경학을 공부할 수 있었다. 이어 화엄(華嚴)큰스님, 향곡(香谷)큰스님, 경봉(鏡峰)큰스님, 해산(海山)큰스님, 무불(無佛)큰스님 등을 자주 찾아뵙고는 마음공부에 대한 지도를 받았다. 만약 큰스님들의 수많은 죽비경책이 없었다면, 나는 그 '엉터리 도사 노릇'을 계속했을 수도 있었을 것이다. 큰스님들은 잘난 체하던 내 정수리를 죽비로 내리치시면서 "이도깨비 같은 놈!"이라고 경책하셨다.

내가 인연이 되었던 선(禪)과 교(敎)와 율(律)의 최고 선지식들은 모두 마음공부를 강조하셨다. 그래서 그 마음을 찾고자 간화선(看話禪)을 시작하였다. 2~3년간은 화두공부가 잘 되었으나 혼자서 하던 참선공부였던지라 결국 화두병(話頭病)에 걸리고 말았다. 보이지 않는 상자에 갇혔다. 문도 빈틈도 없던 무형의 상자에 갇혀서는 호흡하기도 힘들었다. 몸무게는 50kg대로 떨어졌고 눈은 살쾡이처럼 되어갔다. 미치기 직전에야 몇 년째 소식을 끊고 지냈던 스승님을 찾아가 머리를 깎고 모시게 되었는데, 이미 십 대 때부터 지켜보셨던 스승님은 어떤 법문도 하지 않으셨다. 대신 산비탈에 밭 만드는 일, 나무하는 일, 기도 정진하는 일, 집 짓는 일, 밥하고 빨래하는 일 등을 함께 해 주시거나 지켜봐 주셨다. 하루 두 시간의 수면으로 그렇게 스승님의 그늘에서 막노동 같은 수행을 하길 1년여가 되자 이윽고 나를 가두고 있던 상자가 사라졌다. 나는 그때 이후 움직이면서(일하면서) 화두를 드는 간화선을 할 수 있게 되었는데, 그것을 노동선(勞動禪)이라고 이름 붙였다.

내게 상 노스님이 되시는 용성(龍城)큰스님의 선농일치(禪農一致) 수행정신을, 은사스님은 몸소 내게 보여주셨다. 나는 그 후 선원에 있을 때나, 5년에 걸쳐 한 겨울 영하의 냉방에서 고려대장경과 남전대장경(南傳大藏經-일본번역본)을 일람할 때나 간화선을 계속할 수 있었다. 결국 내 모든 의심을 풀 수 있었던 가장 좋은 수행법은 움직이면서 병행할 수 있었던 간화선(看話禪, 勞動禪)이었다.

계율과 교학은 참 좋은 안내도이며 설계도이기에 수행자에게 반드시 필요한 것이다. 그것을 무시하면 삿된 길로 빠질 가능성이 높기 때문이다. 하지만 그 자체는 해탈도 열반도 아니다. 결국 스스로 해탈하여 열반의 경지에 이르려는 수행법이 필요한데, 관법(觀法)과 천태지관수행(天台止觀修行)과 묵조선(黙照禪)과 간화선(看話禪)을 두루 경험해 본 내게는 본성(本性)에 대한 의심인 화두를 드는 간화선 참선수행이 가장 효과적이었다.

간화선을 하려는 사람에게 가장 필요한 것은 대신심

(大信心), 대분심(大憤心), 대의심(大疑心), 대용맹심(大勇猛心)이다. 깨달을 수 있다는 흔들리지 않는 믿음과 더 이상 범부로서 고뇌하며 살 수는 없다는 억울해하는 마음, 그리고 무엇이 자신의 청정자성 자리인지를 밤낮으로 의심하며 결코 깨달을 때까지 물러서지 않겠다는 용맹스런 마음자세라야 목적지에 이를 수 있는 것이다. 하지만 간화선 수행법도 목적지에 이르려는 수단일 뿐임을 잊어서는 안 된다.

화두(話頭-큰 의심)는 고타마로부터 비롯되었다. 고타마의 화두는 '왜 생사윤회하는가?'와 '어떻게 하면 생사윤회로부터 해탈할 수 있는가?'하는 것이었다. 이 의심을 타파한 것이 보리수 아래의 대각(大覺)이며, 오랜 세월이 흐른 뒤 이것을 전문화한 것이 중국에서의 간화참선(看話參禪)이었다. 자신의 근본인 본성에 대한 의심이 없다면 불교는 지식습득과 갖가지 수행법의 전문가만 양성하는 분야가 될 뿐이다. 만약 고타마께서 해탈하지도 못하고 상락아정(常樂我淨)의 열반에도 이르지 못하셨다면, 고타마는 석가모니가 될 수 없

었고 불교라는 종교는 생기지도 않았을 것이다.

조선시대에는 스님들이 교학을 연구할 수 없어서 참선수행에 치중했다는 주장이 있는데, 조선시대의 강원 제도는 10년 정도에 교과목도 훨씬 많았다. 지금의 승가대학보다 훨씬 치열하게 교학 연구를 했음을 엿볼 수 있다. 그 연구 과정을 마친 후에야 전문적인 실제 수행으로 들어간다고 해서 사교입선(捨敎入禪)이라는 표현을 썼다.

물론 참선수행만 깨달음에 이르는 방법은 아니다. 독경, 사경, 예참, 기도 등의 방법으로도 깨달음에 이른 예는 무수히 많다. 예참의 환희와 염불삼매의 맑음을 체험한 사람이라면 예참과 기도를 폄훼하는 말을 하지 않는다.

나는 30년 동안 주말이면 〈벽암록〉을 교재로 삼아 재가불자들을 대상으로 선문답(禪問答)을 진행해왔다. 수많은 이들이 삶의 새로운 길을 찾았고, 지금도 개화사에서는 학생들과 어른들이 참선공부를 함께 한다. 현대인들도 얼마든지 옛사람들처럼 참선공부를 재미

있게 할 수 있다. 다만 시도해 보지 않을 뿐이다.

모름지기 큰마음으로 자신의 주인공이 되고, 세상의 주인공이 되어보시라!

송강스님의 벽암록 맛보기 10권
(91칙~100칙)

역해 譯解 시우 송강 時雨松江
사진 시우 송강 時雨松江

펴낸곳 도서출판 도반
펴낸이 김광호
편집 김광호, 이상미, 최명숙
대표전화 031-983-1285
이메일 dobanbooks@naver.com
홈페이지 http://dobanbooks.co.kr
주소 경기도 김포시 고촌읍 신곡리 1168번지